矿业类
大学生创新创业教程

Kuangyelei Daxuesheng Chuangxin Chuangye Jiaocheng

主　编　康向涛　吴桂义
副主编　江成玉　马振乾
主　审　孔德中　王　沉

中国矿业大学出版社
·徐州·

内容简介

本书针对矿业工程类大学生，融合国内大学生创新创业基础知识，进行采矿工程专业大学生的创新创业训练教育，根据采矿工程专业的知识特点，结合典型案例，培养大学生的创新思维、创业意识。主要内容包括：第一章创新概述（认识创新、创新意识、创新思维、创新能力、创新心理、创新设计与创新方法）；第二章创业概述（创业认知、创业素质与创业精神）；第三章矿业工程基础知识（矿业工程基本概念、煤矿开采、非煤固体矿床开采）；第四章矿业类大学生创新创业训练（创新创业教育的相关理论、创新创业教育的发展历程与趋势、创新创业教育的影响因素与激励保障机制、矿业类大学生的创新创业训练）。本书将创新创业融入专业知识，实践特色突出，针对性较强。

本书可作为高等院校矿业工程专业大学生创新创业教育的教学参考用书，也可作为相关专业大学生创新创业教育的参考用书。

图书在版编目(CIP)数据

矿业类大学生创新创业教程 / 康向涛，吴桂义主编
. — 徐州 ：中国矿业大学出版社，2022.7
ISBN 978 - 7 - 5646 - 5484 - 9

Ⅰ. ①矿… Ⅱ. ①康… ②吴… Ⅲ. ①大学生—创业—高等学校—教材 Ⅳ. ①G647.38

中国版本图书馆 CIP 数据核字(2022)第 122108 号

书　　名　矿业类大学生创新创业教程
主　　编　康向涛　吴桂义
责任编辑　王美柱
出版发行　中国矿业大学出版社有限责任公司
（江苏省徐州市解放南路　邮编 221008）
营销热线　(0516)83885370　83884103
出版服务　(0516)83884895　83884920
网　　址　http://www.cumtp.com　**E-mail**：cumtpvip@cumtp.com
印　　刷　徐州中矿大印发科技有限公司
开　　本　787 mm×1092 mm　1/16　**印张** 8.5　**字数** 157 千字
版次印次　2022 年 7 月第 1 版　2022 年 7 月第 1 次印刷
定　　价　30.00 元
（图书出现印装质量问题，本社负责调换）

序　言

创新是一个民族进步的灵魂，是一个国家兴旺发达的动力，也是一个人工作与事业永葆生机的源泉。科技的发展需要源源不断的创新型人才，创业型经济社会的发展与就业压力需要敢于打拼的创业型人才。因此，创新创业教育势在必行，培养高素质的创新创业人才是当前我国教育发展的当务之急。

《国家中长期教育改革和发展规划纲要(2010—2020年)》明确指出“着力提高学生服务国家人民的社会责任感、勇于探索的创新精神和善于解决问题的实践能力”以及“着力提高学生的学习能力、实践能力、创新能力”。可见，创新能力的培养已经上升到未来教育发展的战略目标。2012年，党的十八大报告提出实施创新驱动发展战略；2015年，国家提出要推动“大众创业、万众创新”，全社会的“双创”热潮迅速兴起；2016年，《国家创新驱动发展战略纲要》提出到2050年我国要建成世界科技创新强国；2017年，党的十九大报告指出，创新是引领发展的第一动力，是建设现代化经济体系的战略支撑。在知识经济时代，创新能力越来越成为影响一个国家竞争力、经济发展和国际地位的重要因素之一。在这样的背景下，创新与创业思维的培养成为亟待解决的问题。我们在工作、学习和生活中养成善于思考、经常运用创新思维方法解决问题的习惯，才能使创新能力在实战中发挥效用。

大学生是国家经济建设和社会发展的基础人才，是新时代国家蓬勃发展的主力军。加强大学生创新创业教育，是国家实施创新驱动发展战略、促进经济高质量发展的迫切要求，是促进大学毕业生进行更高质量创业就业的重要举措。随着移动互联网时代的来临，人们的沟通方式、工作方式、商业模式等都发生了巨大变化，大学生的学习方式也与以往有很大差异。网络课程等信息时代的学习手段和技术层出不穷，大学生如果没有创新思维的学习和运用，很容易在日新月异的时代变化中被淘汰。因此，加强高校大学生的创新创业能力训练，培养新时代大学生的创新意识、创新思维和创新能力，使大学生获得在时代潮流中永葆创新创业活力、不断前行的智力支撑。

全书共分为四章。第一章创新概述，主要阐述了创新的基础概念，创新意识、创新思维和创新能力的培养，介绍了创新心理、创新设计及如何掌握创新的方法。第二章创业概述，主要阐述了创业的基本概念，讲解了创业素质、创业精神。第三章矿业工程基础知识，从矿业工程基本概念入手，讲解了煤矿开采与非煤固体矿床开采的基础知识。第四章矿业类大学生创新创业训练，介绍了创新创业教育的理论、发展历程与趋势，分析了大学生创新创业的影响因素和激励保障机制，最后重点讲解了矿业类大学生创新创业训练的内容，为采矿工程专业的大学生创新创业训练提供了清晰的思维路径。附录为课程结题报告的相关资料。本书主要编者康向涛编写了第一章第一、二、三、五、六节和第四章，共计6万余字；江成玉编写了第二章、第三章，共计6万余字；吴桂义、马振乾编写了第一章第四、七节，并负责全书的校稿工作；孔德中、王沉进行了全书的审稿。

通过对新时代矿业类大学生创新创业教育理论与实践的研究，笔者期望能够对专业类的创新创业教育相关理论与实践有更深层次的认识与理解，能为采矿工程专业大学生创新创业教育与实践尽一点绵薄之力。同时，结合实际案例，本书进一步探索新时代高校矿业类大学生开展创新创业教育的特色路径，为其他不同专业组织开展创新创业教育提供参考与借鉴，为国家培养创新型人才提供支持。

在本书写作过程中，作者参阅了大量国内外的相关资料，在此表示由衷的感谢。本书的出版得到了贵州大学矿业学院采矿工程教研室的大力支持，还得到了贵州省本科高校一流专业建设项目(SJZY2017006)，第二批新工科研究与实践项目(E-KYDZCH20201822)，贵州大学采矿工程国家级一流本科专业建设项目，贵州省高等学校教学内容和课程体系改革项目（2021019)，贵州省普通本科高校“金课”社会实践课程项目，国家自然科学基金项目(52064009)的资助，在此一并表示感谢。同时，感谢中国矿业大学出版社和本书编辑们的辛勤劳动。本书旨在唤醒大学生的创新创业意识，培养大学生具有一定的创新创业能力，尽可能地给予矿业专业大学生拓展创新创业思维的方法。对于书中的不妥之处与可能存在的某些不足，恳请广大读者和专家学者批评指正。

编 者

2022年5月

目 录

第一章　创新概述

我们生活的世界得以进步、社会得以发展，最本质的源泉和动力就是创新。大到国家、社会，小到工作、生活，创新无处不在，其重要性不言而喻。我们离开了创新，就像作了茧的蚕，是无法看到蚕茧以外的世界的。许多人对于创新都或多或少存在一定的误解：有人觉得创新一词太大、太高级，创新是那些专门从事开发创新思想的人的专有“属地”，和我们距离甚远；也有人觉得创新都是些虚幻缥缈的东西，是随机产生的，靠的是灵感、创意的灵光乍现以及一群高精尖人才的头脑风暴。现在让我们一起正确地认识和分析“创新”。

第一节　认识创新

创新是撬动经济发展的第一杠杆，是引领经济发展的第一动力，是建设现代化经济体系的战略支撑。世界每时每刻都在发生变化，中国也每时每刻都在发生变化，我们必须在理论上跟上时代，不断认识规律，不断推动理论创新、实践创新、制度创新、文化创新以及其他各方面的创新。习近平总书记在2017年10月18日中国共产党第十九次代表大会上的报告提出：“倡导创新文化，强化知识产权创造、保护、运用。培养造就一大批具有国际水平的战略科技人才、科技领军人才、青年科技人才和高水平创新团队。”这些都要求我们去认识创新，勇于创新，把握创新的内涵和方法。

一、创新的含义

创新，亦作“刱新”，从字面上理解就是“创造新的事物”。“创新”一词出自《南史・后妃传上・宋世祖殷淑仪》：“据《春秋》，仲子非鲁惠公元嫡，尚得考别宫。今贵妃盖天秩之崇班，理应创新。”“创新”一词在我国有着悠久的使用历史，如《魏书》中的“革弊创新”，《周书》中的“创新改旧”。和创新含义近同的词汇有维新、鼎新等，如“革故鼎新”“除旧布新”“苟日新，日日新，又日新”。

《广雅》中有：“创，始也。”创是始的意思，所以创造不是后造，而是始造。

创造和仿造相对。通常说的创造，含有造出了一个前所未有的事物的意味。说创新，大致有两种意味。一种意味是创造了新的东西，这和创造实际是同一个意思。另一种意味是本来存在一个事物，将它更新或者造出一个新事物来代替它。在这种意味下，创新中包含了创造。但创造不可能凭空而起，新的创造一般是建立在原有的事物或其转化的基础上，包含了对原有事物的创新，因而创造中又包含了创新。人类的创造和创新可以分解为两个部分，一是思考——想出新主意，一是行动——根据新主意做出新事物，一般是先有新主意，然后有行动。创造和创新还有一种特定的含义，即学术界主流的术语定义，创造是指想新的，创新是指做新的。英语 Innovation(创新)这个词起源于拉丁语。它的原意有三层含义，一是更新，就是对原有的东西进行替换；二是创造新的东西，就是创造出原来没有的东西；三是改变，就是对原有的东西进行发展和改造。

创新的概念是经济学家熊彼特于 1912 年在《经济发展概论》中提出的。他提出，创新是把一种新的生产要素和生产条件的“新结合”引入生产体系。美国经济学家罗斯托在 20 世纪 60 年代将“创新”发展为“技术创新”，把“技术创新”提高到了“创新”的主导地位上。

目前，国内外理论界对创新的概念从各个不同的视角提出了 70 余种解释，具有代表性的有以下几种。

第一，创新是运用已有知识或相关信息创造和引进某种有用新事物的过程，如技术创新。

第二，创新是指新事物本身，具体说来就是指被相关使用部门认定的任何一种新的思想、新的实践或新的制造物。

第三，创新是对一个组织或一个相关环境的新变化的接受和适应。

第四，当代国际知识管理专家爱米顿对创新的定义：新思想到行动。

第五，创新是开发一种新事物的过程。这一过程从发现潜在的市场需要开始，经历新事物的技术可行性研究阶段的检验，到新事物的广泛商业应用为止。创新之所以被描述为一个创造性过程，是因为它产生了某种新的事物，并在社会上实现了其价值。

创新是一个相当广泛的概念。我国理论界较为一致的看法是：创新是新设想(或新概念)发展到实际和成功应用的阶段。创新强调的是创造的某种实现，是创造的过程和目的性的结果。创新是一种不断破坏旧的、创造新的的过程，它更注重经济性、社会性。现在常讲的创新，从广义上援引了这个概念，如知识创新、技术创新、理论创新、管理创新、制度创新等。

创新是对已有创造成果的改进、完善和应用，是建立在已有创造成果基础上的再创造。狭义上讲，创新可以是从新思想的产生到产品设计、试制、生产、营销和市场化的一系列活动；广义上讲，创新表现为不同参与者和机构之间（包括企业、政府、大学、科研机构等）的交互作用的网络。在这个网络中，任何一个结点都有可能成为创新行为实现的特定空间。因而创新的行为可以表现在技术、制度或管理等不同的侧面，这说明创新成果可以是有形的事物，也可以是各种无形的事物，如理论、技术、方法、工艺、结构等。

关于创新的本质，可以从三方面来理解。第一，创新的本质是进取，是推动人类文明进步的激情；第二，创新的本质是不做复制者；第三，创新的本质就是“有无相生”。

二、创新的分类

创新分类的参考指标很多，从不同角度来区分，能够得到不同的创新类别。

（一）按照创新的表现形式分类

根据创新的表现形式进行分类，创新分为知识创新、技术创新、服务创新、制度创新、组织创新、管理创新等。

（二）按照创新的领域分类

根据创新的领域进行分类，创新分为教育创新、金融创新、工业创新、农业创新、国防创新、社会创新、文化创新等。

（三）按照创新的方式与行为主体分类

根据创新的方式进行分类，创新分为独立创新、合作创新、协调创新等；根据创新的行为主体进行分类，创新分为政府创新、企业创新、团体创新、大学创新、科研机构创新、个人创新等。

（四）按照创新成果是否首创分类

根据成果是否为世界范围内的首创，创新一般分为绝对创新和相对创新。

绝对创新是在全世界范围内实现首创的创新。例如，牛顿的运动定律、我国的四大发明等都属于绝对创新。

相对创新不必是全世界范围内的首创。不考虑外界的各种环境，创造者在原有的基础上实现了新的突破就是相对创新。

（五）按照创新成果是否原创分类

根据创新成果是否原创进行分类，创新分为原始创新和改进创新。

原始创新是指重大科学发现、原理性主导技术、技术发明等原始性创新活动。例如，我们现在衡量一个国家在推动原始性创新中是否处于领先地位的标志，就是诺贝尔科学奖获奖者的人数。原始性创新成果通常具有首创性、带动性、突破性等特点。

改进创新是指对原来的科学技术进行进一步改进所做的创新。例如，火车从最初的蒸汽机到内燃机再到电力机车，行驶速度也在不断提高并打破原有的局限，这就是改进创新。改进创新又分为原理结构的改进、材质的改进、生产技术的改进、工艺与方法的改进等。

三、创新的方法

（一）创新方法

方法是人们分析问题和解决问题的行为结构。创新方法是可能的行为组合方式，即行为结构的组合。实现创新目标需要从两个方面入手，一是提高自身把握问题的能力，二是降低问题难度。狭义的方法主要是降低问题难度，例如化繁为简、化整为零、化无形为有形、化此为彼、化不确定为确定。

科学抽象是化繁为简的基本方法。通过科学抽象舍弃次要因素和无关因素，提取本质要素和主要部分，可以使问题大大简化，为人们认识事物的本质和规律创造有利条件。

科学分析是化整为零的基本方法。一个问题作为整体，其难度超出主体的把握能力。科学分析将要素分解，然后分别进行考察，化为一系列较小的问题，每个小问题的难度都在主体的把握能力之下。

想象方法和模型方法是化无形为有形的基本方法。制作模型摆在眼前可以使问题变得易于理解，使抽象问题模型化。因条件限制无法建立可视模型时，可以通过想象建立理想模型进行理想实验，把无形的事物化作有形的模型、实验等进行直观表达，有助于人们对复杂问题的理解。

变换方法是化此为彼的基本方法。思路是把一个问题由难于把握的形式变换为易于把握的形式，或者把一个复杂问题用一个相似的简单问题所取代，其本质是一种类比方法。移植和模拟是两种特殊的类比方法。移植是把较熟悉领域的知识、方法和工具加以适当改造而运用于陌生领域；模拟是用较简单的模型代替复杂原型而展开的研究。一般的移植和模拟，都具有化此为彼、化复杂对象为简单对象的变换方法的特征。因此，变换方法是一种综合运用多种手段、灵活性很强的方法。

逻辑方法是化不确定为确定的基本方法。其精髓在于找出有效推理的确定程序，把一些凭智慧解决的问题化为机械程序操作就可解决的问题。在数理逻辑趋于成熟和计算机普遍应用的现代条件下，许多逻辑推理可以借助机器来完成，逻辑方法也将发挥越来越重要的作用。

（二）创新学习

创新学习是学习学与创造学交叉的边缘学科，是学习科学的一个新领域。创新学习是人们通过对已有知识、经验的摄取，经过同化、组合和探索，获得新的知识和能力，提高自身素质，使学习者的内部状态和外在行为发生变化的一种活动。培养大学生的创新学习能力，主要是培养他们的创新学习精神、创新学习意识、创新学习思维、创新学习技巧和方法。简单地说，创新学习就是以创新为目的的学习。

创新学习要有批判的精神。人的学习如果只停留在知识接受上，那人只能成为知识的储存器或保管人。学习不要仅仅局限于知识积累，而要对知识进行加工、制作和创造，形成独立见解，形成自己的知识体系。对知识有批判才能开拓，才能独立思考、推陈出新，才有创新。

创新学习要有继承的品质。学习前人积累的书本知识或实践经验时，不能一味地生搬硬套，应有所取舍、有所变更，适应新的发展要求。在学习过程中，应不因循守旧，处处都质疑问难，养成独立思考的习惯，为创新意识的培养打下基础。

四、大学生创新教育

（一）创新教育概述

青年兴则国家兴，青年强则国家强。2013 年 11 月 8 日，习近平总书记在致 2013 年全球创业周中国站活动组委会的贺信中说："青年是国家和民族的希望，创新是社会进步的灵魂，创业是推动经济社会发展、改善民生的重要途径。青年学生富有想象力和创造力，是创新创业的有生力量。希望广大青年学生把自己的人生追求同国家发展进步、人民伟大实践紧密结合起来，刻苦学习，脚踏实地，锐意进取，在创新创业中展示才华、服务社会。"

加强创新教育，是推进高等教育综合改革、提高人才培养质量的重要举措。近年来，高校不断加强创新创业教育，对提高高等教育质量、促进学生全面发展、推动毕业生创业就业、服务经济社会发展发挥了重要作用。新形势下，高校必须着眼长远、聚焦聚力，下大力气解决存在的问题，进一步加强创新教育。创新已成为我们这个时代的主旋律，是大学生必备的素质。在建设创新型国家的过程中，在国家创新体系的构建中，大学生要想在激烈的竞争中立于不败之地,必须要有创新精神。大力开展学生科技创新教育,是高等学校适应时代要求的全新人才培养模式的重要手段和主要内容,也是高校科技创新体系的重要组成部分。

创新教育就是以培养人们创新精神和创新能力为基本价值取向的教育,具体指利用遗传与环境的积极影响因素,发挥教育的主体作用。开展创新教育要充分提高学生在认识与实践中的主观能动性,注重学生的创新意识、创新精神、创新技能、创新人格的培养与开发,以满足社会的需要和学生的自我成长发展。

创新教育不追求传统教育和继续教育的“灌输”“充电”和“加油”效果,而是要起“引爆”的作用,旨在释放人类的潜能,并强调开发潜能要同培养人的优秀心理品质和积极人生态度相结合。总之,创新教育关注的中心是创新素质,这种素质在现代和未来人才的各种素质中具有统治作用和最大的时代适宜性。创新教育以培养学生的创新精神、创新能力为主要教育目标,创新教育的特征是全面发展学生智力,全面发展学生个性和品德,积极面向全体学生,实施全方位、全过程的教育。

要说明的是,创新目标的实现,即创新人才的培养,并不是某个教育阶段的培养使然,而是各个阶段的教育影响所形成的接力效应。因此,创新教育是一体化的教育,是在人的终身教育过程中都应贯彻的教育思想、教育哲学和教育实践。

在创新教育中,个体的创新品质可以分为智力品质和非智力品质两种因素。智力品质包括创造性思维、创新能力素质和创新知识素质;非智力品质则包括人的情感、意志等。总体上说,超越性是我们创新教育的本质特征;坚持尊重受教育者的主体性和个体性,体现教育过程的开发性和课堂活动的积极实践性,是创新教育的本质要求。

(二)创新教育的原则

1. 整体性原则

即根据系统科学原理,统筹规划、科学运作,追求实施创新教育的整体效能。良好的创新素质教育,旨在培养学生敏锐的观察力和活跃的灵感,引导学生进行反思和引申,鼓励学生积极求异和展开富有创造性的想象,训练学生的创新思维。

2. 进步性原则

创新是对传统、常识、常规与秩序的超越、完善和发展,其成果应是新的、有用的、进步的。应坚持既抓创造智力,又抓思想道德素质培养,教学生学会做人、学会创造，培养学生的意志、毅力及先进性品质。

3. 技能培养原则

技能是表现在掌握知识、技术、思想方法等方面的个性心理特征。技能培养的作用主要有：一是帮助学生树立创新的目标与意图；二是帮助学生学习、掌握专业知识和技能，进行创新思维方式训练；三是激励学生的好奇心和不懈的探索精神；四是为学生提供选择与创新的机会和氛围；五是帮助学生克服创新的障碍，保持旺盛的创新热情；六是帮助学生树立自信，培养其自主学习的能力，使其形成创新技能。

4. 以情感为核心的非智力因素教育原则

美国学者阿瑞提在《创造的秘密》一书中提出："尽管创造者要具有一定的智力，但高智商并不是高创造力的先决条件。"可见，创新并不仅仅是纯粹的智力活动过程，它还需要以创新情感为动力，以良好的个性品质作后盾。利用"问题探究"，培养学生敢于求异、勇于创新的气魄，鼓励他们自主探索、发现问题、提出问题；利用"挫折教育"，培养学生坚忍不拔、持之以恒、不怕困难和挫折的顽强意志和良好的人格特征。

高校是我国创新型人才培养的主阵地。每一个大学生都蕴藏着丰富的创造潜能，这一潜能的开发和利用需要创新精神的指引和统领。同时，发掘大学生创造潜质，深入研究创新人才的素质，也是创新、创业的重要课题。近年来，各高校已逐步把培养创新型人才作为办学的主要目标，经过十余年的重点建设，培养出的创新型人才素质不断提高，科研水平大幅度提升，科研成果丰硕。

第二节　创新意识

青年学生是保守思想最少、最容易接受新生事物、最富创新精神的一个群体。祖国发展的希望在创新，创新的希望在青年学生，要建设创新型国家必须从培养青年学生的创新意识着手。创新意识和创新能力如同"车之两轮，鸟之双翼"，共同决定着创新状况。创新意识决定创新实践的有无，创新能力决定创新实践成效的好坏。一个人即使有渊博的知识、高超的技能，如果缺乏强烈的创新意识，也不会有创新的实践。反之，有强烈的创新意识而无创新能力，则无法实现创新。创新意识和创新能力共同作用于创新实践。

一、创新意识的概述

创新意识是指人们根据社会和个体生活发展的需要，产生创造前所未有的事物或观念的动机，并在创造活动中表现出的意向、愿望和设想。它是人类意识活动中的一种积极的、富有成果性的表现形式，是人们进行创造活动的出发点和内在动力，是创造性思维和创造力的前提。创新意识支配着人们对创新实践活动的态度和行为，规定着态度和行为的方向和强度，具有较强的选择性和能动性，是大学生创新素质结构中最重要的组成部分。

（一）创新意识的特征

1. 新颖性

创新意识或是为了满足新的社会需求，或是用新的方式更好地满足原来的社会需求。创新意识是求新意识，“新”是最重要的特点。

2. 个体差异性

人们的创新意识和他们的社会地位、文化素质、兴趣爱好、情感志趣等相对应，它们对创新起重大的推进作用。在这些方面，每个人都会有所不同，因此考察创新意识既要考察社会背景，又要考察个体的文化素养和志趣动机。

3. 社会历史性

创新意识以提高人们的物质生活和精神生活水平需要为出发点，而这种需要在很大程度上受具体的社会历史条件制约。在阶级社会里，创新意识受阶级性和道德观的制约。人们的创新意识激起的创造活动和产生的创造成果，应为人类进步和社会发展服务，即创新意识必须考虑社会效果。

（二）创新意识的构成

创新意识包括创造动机、创造兴趣、创造情感和创造意志。

创造动机是创造活动的动力因素，它能推动和激励人们发动和维持创造性活动。创造兴趣能促进创造活动的成功，是促使人们积极寻求新奇事物的一种心理倾向。创造情感是引起、推进乃至完成创造的心理因素，正确的创造情感才能推动创造成功。创造意志是在创造中克服困难、冲破阻碍的心理因素，创造意志具有目的性、顽强性和自制性。

创新意识与创造性思维不同，创新意识是引起创造性思维的前提和条件，创造性思维是创新意识的必然结果，二者之间具有密不可分的联系。创新意识是创造人才所必须具备的，创新意识的培养和开发是培养创造人才的起点。从小培养创新意识，才能为个人成长为创造人才打下良好的基础，高等教育应以此为教学改革的重点之一。一个具有创新意识的民族才有希望成为知识经济时代的创新引领者，一个具有创新意识的国家才可能实现科技强国。

（三）创新意识的作用

1. 驱动作用

实践总是因意识驱动而产生，人类认识世界、改造世界至今，从没有过无意识的创新实践。当前不少企业不惜人力、物力、财力投入创新，就是由于对创新的战略意义有了足够认识，这是创新意识驱动的结果。人们对创新重要性的认识越深刻，意识对实践的驱动作用就越大。对于一件事，如果思想上不重视，认为无足轻重，就不会去真正实践。当前我国的科技创新必须抓好四个环节：创意、创新、创业和环境。第一个环节就是“创意”，因为没有创新意识的驱动，就不会有创新实践，更谈不上创业和对创新环境的改善。

创新意识能够促成社会多种因素的变化，推动社会的全面进步。创新意识根源于社会生产方式，它的形成和发展必然进一步推动社会生产方式的进步，从而带动经济的飞速发展，促进上层建筑的进步。创新意识会推动人的思想解放，有利于人们形成开拓意识、领先意识等先进观念。创新意识会促进社会政治向更加民主、宽容的方向发展，这是创新发展需要的基本社会条件；这些条件反过来又促进创新意识的扩展，更有利于创新活动的进行。

2. 指导作用

创新技术路线的选择、创新攻关点的确定、创新的力量组织和部署、创新如何走产学研的道路、创新如何处理好技术可行性和市场可行性的辩证统一关系等，所有这些都必须有明确的理论指导。创新每前进一步，创新意识总是发挥着指导作用。

创新意识能够促成人才素质结构的变化，提升人的本质力量。创新实质上确定了一种新的人才标准，代表着人才素质变化的性质和方向，它输出一种重要的信息：社会需要充满生机和活力的人、有开拓精神的人、有新思想道德素质和现代科学文化素质的人。创新意识客观上引导人们提高个人素质，使人的本质力量在更高层次上得以确定。它激发人的主体性、能动性、创造性的进一步发挥，从而使人自身的内涵获得极大地丰富和扩展。

3. 调控作用

人们的行为总是需要意识的调控。创新实践比较艰巨、复杂，有时甚至会遇到意想不到的困难。比如外部环境干扰太大，或者多次试验不能成功，容易使人心灰意冷，这时就迫切需要创新意识的调控，使人们能够正确对待困难，坚定矢志不渝的信念，奋斗到底。同时，创新意识也能帮助人们反思、总结自己实践中的经验教训，适时地调整自己的行动。创新意识的调控作用还表现在创新过程中的协同合作、敢冒风险等诸多方面。可以说,创新实践一刻也不能离开创新意识的调控。

创新意识对创新实践的巨大能动作用,决定了它在创新中的战略地位。实践证明,创新意识是创新的前提,这个问题不解决好,一切都无从谈起。

二、创新意识的类型

(一) 逆向创新意识

逆向创新是将思考问题的思路反转过来,从构成要素中对立的一面来思考,以寻找解决问题的新途径、新方法。逆向创新法亦称为反向探求法,反向探求法一般有功能性反向探求、结构性反向探求和因果关系反向探求三个主要途径。

【案例】

18世纪初,人们发现了通电导体可使磁针转动的磁效应。法拉第运用逆向思维反向探求"能不能用磁产生电"。在经过9年的探索之后,法拉第终于在1831年成功发现了电磁感应现象,制造出了世界上第一台发电机。

(二) 还原创新意识

还原创新是回到根本、回到事物起点的方法。简单地说,就是暂时放下所研究的问题,回到驱使人们创新的基本出发点。

【案例】

打火机的发明应用了还原创新原理,它突破火柴的框框,把最本质的功能——发火功能提取出来,把摩擦发火改变为以气体或液体做燃料的发火。

(三) 移植创新意识

移植创新是指吸收、借用其他学科领域的技术成果来开发新产品。在机械创新设计方面,应用移植创新原理取得成功的例子很多,如将磁学原理移植到带传动中,人们发明了磁性传动,大大增加了带传动的传动能力。

【案例】

电热丝能够发热。电热丝变电炉丝、变电热毯、变电饭锅、变电暖器,再加入智能化理念就变成了智能电饭锅,这些变化一直在进行着产品设计的升级和创新,但背后所支撑的原理仍然是"电热丝能够发热"。小小的一根电热丝移植到各种产品中,解决了衣食住行的诸多难题。

（四）分离创新意识

分离创新是指把某创造对象分解或离散成多个要素，然后抓住关键要素进行设计创新。分离创新的基本途径如下。

第一，结构分离。结构分离是指对已有产品的结构进行分解并创新的一种模式。

【案例】

耐克公司能为顾客提供世界上独一无二的定制鞋。顾客可以直接登录耐克公司的官方网站，轻点鼠标挑选一系列的“制鞋零件”——包括粉红底色、减震装置、亮黄色衬里、钩形标志等。很快，这位顾客就会收到耐克公司邮寄的一双自己设计的、世界上独一无二的鞋。耐克公司只是将一双完整的鞋子拆分为各种散件，并允许顾客通过网络技术自由搭配组合，顾客的个性化需求就顺利得到满足了。

第二，市场细分。市场细分是按消费者的需求、动机及购买行为的多元性和差异性，将整体市场划分为若干子市场，将消费者分为若干类型的消费群。

【案例】

洋河酒厂的市场调研团队通过对江苏省内目标消费者口味的测试，了解到如今的多数消费者不再喜欢高酒精度、不再依赖以“香”为标准的专家口感，而这恰好与洋河酒的内在品质接近。随后，洋河酒厂抽调技术骨干组成白酒技术攻关小组，凭借其庞大的品酒师队伍，成功推出绵柔型白酒。从蓝色经典海之蓝、天之蓝，再到梦之蓝，洋河酒厂不断接受市场的检验，10 年的时间里，绵柔的概念已经风靡全国。这说明，洋河酒厂在白酒细分市场上的差异化创新探索获得了社会的认可。

（五）价值优化创新意识

价值优化可以提高事物的有形和无形价值，是创新活动应遵循的理念。价值优化的途径主要有以下几种。

第一，保持产品功能不变，通过降低成本，达到提高价值的目的。

第二，在不增加成本的前提下，提高产品的功能质量，以实现价值的提高。

第三，虽成本有所增加，但功能也大幅度提高，使价值提高。

第四，虽功能有所降低，但成本也大幅度下降，使价值提高。

第五，功能增加，同时成本下降，从而使价值大幅度提高。这是最理想的途径，也是价值优化的最高目标。

（六）综合创新意识

综合创新是运用综合法则的创新功能去寻求新的创造。综合创新一般有非切割式综合创新与切割式综合创新两个主要途径。

1. 非切割式综合创新

非切割式综合创新即直接将两种或两种以上的事物保持各自完整的综合创新模式。

2. 切割式综合创新

切割式综合创新即截取两种或两种以上事物的某些要素，再将其有机组合成新物的综合创新模式。

三、激发创新意识

2013 年 7 月 17 日，习近平总书记在中国科学院考察工作时强调："学贵知疑，小疑则小进，大疑则大进。"要创新，首先要有强烈的创新意识，凡事要有打破砂锅问到底的劲头，敢于质疑现有理论，勇于开拓新的方向，攻坚克难，追求卓越。

美国著名数学家波利亚指出，"思想应该在学生的大脑中产生出来，而教师仅仅起到一个产婆的作用"。在教学活动中，教师要做一名真正的"思想产婆"，培养学生的开拓创新精神，在学生知识的形成过程和解决问题的思维过程中激发他们的创新意识、培养他们的创新思维。创新意识的激发，可通过以下方法。

（一）提倡标新立异，培养首创精神

首创就是做别人没有做过、没有想过的事情，标新立异实质上就是强烈的进取精神和勇于开拓的思维意识，是一种敢为天下先、敢为人未为的创新精神。首创和标新立异的精神和物质成果对社会的贡献巨大，能在一定程度上做出开创性贡献，给后人提供新的思路和平台，有的成果还能推动历史的进步。有了这种首创精神，才可能有创新的动力，才能发现创新点，也就有了培养创新习惯的基础。

（二）培养手脑结合、注重实践及多角度思考的习惯

实践是创新活动中必不可少的一个过程。在教学过程中，培养学生手脑结合，注重实践的习惯不仅可以让学生主动参与知识的形成过程，了解知识的来龙去脉，还能促进学生思维的发展，有助于激发学生的创新意识。多角度思考问题的习惯，有利于培养和发展学生的求异思维、发散思维、逆向思维等进行创新活动所必需的思维形式。

（三）培养质疑、提问的习惯和好奇的心境

人民教育家陶行知说："发明千千万，起点一个问。"提问是创新的开始，而好奇、质疑正是学生的天性。在课堂中让学生质疑、提问，既满足了学生的好奇心与求知欲，又使学生在宽松、愉悦的课堂氛围中养成了质疑、敢问的习惯。学生创新意识的萌芽得到了保护，并逐步建立起会问、善问的思维品质。另外，人一旦对某个问题产生好奇心，他在这方面就会投入关注，知识储备便会变得丰富，同时注意力也会集中，对这件事情会更加关注、更加投入，思维也会特别活跃，潜能往往可以在这时释放出来，使人发挥出不可估量的作用。这时，人的创造性便会空前高涨。

（四）具有耐挫能力和献身精神

人不可能一帆风顺，都会遇到困难，碰到挫折。如果没有超强的耐挫能力，没有百折不挠的顽强毅力，而是怕苦畏难，遇到风险便止步，那么，人永远也不可能获得成功，更不要说取得创新成果了。其实，困难、挫折也是一笔财富。危急时刻，人们往往会斗志昂扬、思维活跃，意志也更加坚定。只有不畏艰难，集中精力解决矛盾、战胜困难，才更容易激发出创造性思维。

古往今来，多少英雄豪杰、仁人志士，无不应验了这一真理。他们无不是从小就树立了远大的理想和抱负，并为之努力奋斗、顽强拼搏，最终将其实现。任何人都拥有与杰出成功者一样的潜能、时间和机会。只要拥有了远大理想和献身精神，我们每个人的能量就能得到发挥。

（五）加强自身的知识储备，培养自立、自强精神

我们在学习过程中要开阔视野，储备知识，力求融会贯通，将所学知识转化为独立解决问题的能力。当遇到困难时，大学生应自觉地从头脑的知识储备中过滤出需要的信息，进而找到解决问题的方法和途径；还要注重对最新理论、最新技术和最新信息的了解，不断探求新的知识，努力掌握社会、文化、科技发展的新动向。自立是指立足于自身奋斗，不依赖他人；自强是指不安于现状，勤奋、独立、自主的精神状态，是一种强烈的、改变自我状态的向上驱动力。每个想要有所成就的大学生，都应该加强自身的知识储备，培养自己的自立自强精神，这样才能在未来奋斗的道路上一往无前。

第三节 创新思维

2014 年 6 月 9 日，习近平总书记出席中国科学院第十七次院士大会时指出，"一年之计，莫如树谷；十年之计，莫如树木；终身之计，莫如树人。"要在全

社会大力营造勇于创新、鼓励成功、宽容失败的良好氛围，为人才发挥作用、施展才华提供更加广阔的天地，让他们人尽其才、才尽其用、用有所成。

创新思维（异想天开）是人类创造发明的基础，当今社会飞速发展、日新月异，无论什么领域、行业，都要求新求变，都要有创新、创造性思维。有了创新思维才可能有创新性的分析和解决问题的能力，那什么是创新思维呢？

一、创新思维的含义

有人将创新思维定义为反映事物本质属性和内、外在有机联系，具有新颖的广义模式的一种可以物化的高级思想、心理活动。也有人将创新思维定义为以新颖、独特的方法解决问题的思维过程，这种思维不仅能揭露客观事物的本质及其内部联系，而且能产生新颖、独创、具有明显社会意义的思维成果。还有另一种说法：创新思维是指具有新颖性，能解决某一特定需要（目的）的思维过程及其功能。

无论有多少说法，其反映的创新思维的本质是一样的。创新思维是人类创造力的核心和思维的最高级形式，是人类思维活动中最积极、最活跃和最富有成果的一种思维形式。人类社会的进步与发展离不开知识的增长与发展，而知识的增长与发展又是创新思维的结果。所以，创新思维比思维的其他形式更能体现人的主观能动性。

创新思维有广义与狭义之分。一般认为人们在提出问题和解决问题的过程中，一切对创新成果起作用的思维活动，均可视为广义的创新思维。而狭义的创新思维则是指人们在创新活动中直接形成创新成果的思维活动，诸如灵感、直觉、顿悟等非逻辑思维形式。

关于创新思维的含义，许多学者已有许多不同的表述。有学者认为创新思维是人们自觉地、能动地综合运用和开拓成果的一种思维。在创新思维中，逻辑思维和非逻辑思维是交织在一起的：逻辑思维可以发现新真理，这已为无数的科学实例所证明；人们还应用非逻辑思维，灵感就是一种非逻辑思维。创新思维人人皆能具有，只是需要开发。还有学者认为创造力的产生要靠思维能力、想象力和观察力，这些能力集中在一起就形成了创造性思维，即人的智力。综上，我们可以将创新思维定义为：创新思维是人们在创新活动过程中所具有的思维方式。它是相对于以固定、惰性的思路为特征的常规性思维而提出的，是一种高度灵活、新颖独特的思维方式。它通常是在创新动机和外在启示的激发下，充分利用人脑意识和潜意识活动能力，借助于各种具体的思维方式（包括直觉和灵感），以渐进式或突发式的形式，对已有的知识经验进行不同方向、不同程序的再组合、再创造，从而获得新颖、独特、有价值的新观念、新知识、新方法、新产品等创造性成果。

二、创新思维的特征

（一）灵活性

创新思维不局限于某种固定的思维模式、程序和方法，它既独立于别人的思维框架，又独立于自己以往的思维框架，是一种开创性的、灵活多变的思维活动。它能做到因时、因事而异。

【案例】

美国的一个南极探险队首次准备在南极过冬时，遇到了这样一个难题：队员们打算把船上的汽油输送到基地，但由于输油管的长度不够，又没有备用的管子，无法输送。正当大家一筹莫展的时候，队长帕瑞格突发奇想：南极到处都是冰，能不能用冰做成冰管子呢？南极气温极低，屋外滴水成冰，这个想法并非是不切实际的空想。可以用冰做管子，但怎样才能使冰成为管状又不至于破裂呢？帕瑞格又想到了医疗上使用的绷带，在出发时他们带了不少这样的绷带，他们试着把绷带缠在铁管子上，然后在上面浇水，等水结成冰后，再拔出铁管子，这样果然就做成了冰管。他们再把冰管子一截一截地连接起来，需要多长就接多长。就是依靠这些冰制的管子，他们解决了输油管长度不够的难题。

（二）敏感性

敏感性是指创新思维者具有能吸收到常规思维的人常常忽略的信息的能力，能在一定的空间和时间里捕捉住有价值、新颖的信息。这种特性意味着，具有创新思维的人一般很快就会注意到某一件事情中最有价值的关键。

【案例】

荷兰退休老人阿·布鲁特在看电视时发现主持人在讲解有关月球探险的内容时，用的是月球的地图。阿·布鲁特想：看这种月球平面图效果不好。月球和地球都是圆的，既然有地球仪，同样也可以有月球仪。地球仪有人买，月球仪肯定也会有人买。于是，布鲁特开始倾注全部精力制造月球仪。当第一批月球仪做好以后，他就在电视和报纸上刊登广告。不出所料，世界各地的订单源源不断地飞来。从此，他每年靠制造月球仪就可赚1400多万英镑。布鲁特敏锐地从地球仪联想到月球仪，创造出了大量的财富。

（三）独创性

创新思维在思路的探索上、思维的方式方法上和思维的结论上都能独具卓识，提出新的创见，做出新的发现，实现新的突破，具有独创性。

【案例】

北京大钟寺内的永乐大钟，有46.5吨重，号称钟王。这口钟是明成祖朱棣下令铸造的，永乐年间铸造完成。清朝乾隆皇帝决定把大钟从万寿寺挪到觉生寺（即现在的大钟寺），然后再修建一个大楼来悬挂这口大钟。但要把这46.5吨重的大钟挪动到五六里以外的觉生寺，却谁都想不出一个可行的办法来。传说有一天，参与此事的几个工匠在工棚里喝闷酒。工棚内只有一块当桌子用的长长的石条，大伙就围坐在石桌旁。这时天正下雨，从棚顶上漏下来的雨水滴在石桌上。坐在石桌这一头的一个工匠叫坐在另一头的一个工匠再给他倒一盅酒并传递过来。酒倒好后，由于手上有水，工匠在传递时没留神把酒盅给弄翻了，引得大伙连声抱怨太可惜了！这时，一个工匠很不耐烦地说："何必用手传呢！石桌子上有水，是滑的，轻轻一推不就过去了。"坐在旁边的一个平时很少说话的工匠沉思了片刻，然后将石桌子一拍，大叫起来："有啦！有啦！挪动大钟有办法啦！"这个工匠联想到的办法是：从万寿寺到觉生寺，挖一条浅河，放进一二尺深的水，待河里的水结冰后，不用费多大力气便能将大钟从冰上推走。人们后来就采用这个方法将大钟从万寿寺挪动到了觉生寺。

（四）流畅性

创新思维是多向、多维的，往往没有固定的思维方向。它总是先从各个角度去思考事物的功能及其产生的后果，然后预测所有可能导致的结果。这样我们就能在做出最终决策前，有更多的选择机会，也利于做出理智的选择。因此，在进行创新思维时，并不是必须在时间的压力下工作，且必须迅速产生结果；而是在其他条件相等的情况下，人们在每一单位时间内能够形成更多有重要意义的观念。我们常用"思潮如涌"来形容思路的敏捷性，用"一气呵成"来描述在短时间内迅速做出众多反应的能力，这实际上就是指创新思维的流畅性。流畅性能产生大量的观念，从而为创新准备了条件。

【案例】

美国企业家爱克尔先生创办山毛榉食品公司就是出于他的"灵机一动"。一天，他正在纽约街头散步，看见一家小店将大块咸肉切成两磅重的薄片，装在纸盒里出售，生意十分兴隆。爱克尔想："这的确是个好主意，只可惜两磅装的咸肉片还是太多了些，如果把它改成1磅装出售，生意一定会更好。"他依计行事，把肉片切得更薄、更均匀，以1磅装送到市场，消费者果然踊跃购买。山毛榉食品公司加工的食品不久就闻名全美甚至全世界。实际上，爱克尔的"灵机一动"正是来自他对流畅思维的正确判断。

（五）风险性

创新思维的核心是创新突破。它没有成功的经验可借鉴，没有有效的方法可套用，因此创新思维的结果不能保证每次都取得成功，有时可能毫无成效，有时可能得出错误的结论。但是无论什么样的结果，都具有重要的认识论和方法论意义，都能为人们提供新的启示。

【案例】

美国杜邦公司在开发人造革时，曾错误地认为人造材料（人造革）肯定好于自然材料（牛皮），因而在进行市场定位时错误地选择高档皮鞋作为其目标市场，造成了1.5亿美元的损失。杜邦公司后将人造革专利卖给波兰企业，波兰人将人造革定位于生产廉价的工作鞋，结果产品十分畅销，甚至返销美国。

（六）超越性

创新思维不但可以超越时间、空间、物质、现象和文化，而且可以超越过去和现在，创造出美好的未来。

【案例】

1900年，著名教授普朗克发现了量子力学假设及普朗克公式，但让他沮丧的是，这一发现破坏了他一直崇拜并虔诚地信奉为权威的牛顿的完美理论，他因此宣布取消自己的假设。人类本应因权威而受益，却不料竟因权威而受害，由此使物理学理论停滞了几十年。而25岁的爱因斯坦敢于冲破权威，大胆突进，赞赏普朗克假设并向纵深引申，提出了光量子理论，奠定了量子力学的基础；随后又突破了牛顿的绝对时间和空间的理论，创立了震惊世界的相对论，成了一个更伟大的权威。

（七）综合性

创新思维是许多因素结合在一起的综合性思维活动。创新思维者在思考问题时，须记住一系列变量、条件或关系。只有综合这些因素，弄清它们之间的关系，才不会混淆，同时要综合运用多种思维方法和逻辑模式。创新思维过程包含着直觉的洞察与灵感的迸发、想象的发挥与模型的构想、类比的跨接与思路的外推、主旨的概括与假设的试探、演绎的联结与溯因的沟通、分析的还原与综合的归纳、反馈的利用与控制的运筹以及不断地顿悟和重组，最终形成新的概念框架和理论体系。所以说，创新思维具有综合性特征。

【案例】

国内知名体育运动品牌李宁联手小米生态链企业华米科技，共同发布了两款智能跑鞋。李宁智能跑鞋内置了华米智芯，通过蓝牙4.0，跑鞋中的华米智芯就可以和手机中的小米运动客户端连接。在功能方面，李宁智能跑鞋除了拥有GPS、卡路里计算、时速和配速显示以及关注好友等常规功能以外，还可以进行落步脚的分析和精确步频分析，让用户能够更科学、姿势更正确地跑步。

三、创新思维过程及模式

（一）创新思维过程

产生新思想的思维也就是创新思维或创造思维，创新思维或创造思维也就是产生新思想的思维活动。两者的思维过程在本质上是一致的。一般说来，无论古代学者还是现代学者，对创新思维的本质特征的理解是相似的，他们都把创造性思维看作是产生新知识、新概念的思维。很多人都把科学的创新或创造思维过程作为产生新思想的典型形式来加以研究，这也是很有道理的。如果我们搞清楚了创新思维过程或创造思维过程，我们也就搞清楚了新思想的产生过程。现在的问题是：创新思维过程或创造思维过程到底是怎样的？换句话说，新思想的产生过程到底是怎样的？

创新思维过程是怎样的，新思想的产生过程是怎样的，这是目前为止人们还不是很清楚的问题，也是众说纷纭的问题。常见的观点有“二阶段说”“三阶段说”“四阶段说”“五阶段说”“六阶段说”“七阶段说”等等。比较有名的划分是英国心理学家华莱士于1926年提出的四阶段创造过程。华莱士曾对创造性思维进行过卓有成效的研究。他研究了大量的科学家的传记和回忆录，最后得出结论认为：任何创造活动的过程都包括准备阶段、酝酿阶段、明朗阶段和验证阶段。

（二）创新思维模式

任何创新思维过程总是指向某一具体问题，问题是思维的起点。创新思维与问题解决有密不可分的联系，所有的创新思维无疑都包含问题解决。

1. 分析问题情境

问题情境是创新思维的起始因素，它唤起人的认识需求。问题情境意味着人在活动中遇到了某种不理解的、未知的、令人烦忧和诧异的东西。它是在这样的情况下产生的，即当人处在解决问题(任务)的情境中时，无法用已有的知识解释新的事实，或者无法用以前熟悉的方法完成已知的行动，而应找到新的行动方法。

创新思维过程从对问题情境的分析开始，从思维的不同方面探究情境的各结构因素。问题情境的分析结果可划分为已知因素、未知因素和应求因素。

2. 提出问题

提出问题是创新思维的主要一步。在问题情境的分析中，应确定情境中引起困难的因素是什么，被看作困难的因素就是问题。通过一系列不同层次"为什么"的发问，从肤浅到深入，看出问题所在，即识破问题的实质，然后用语言概述出来。这个阶段不仅要确定问题的存在，还要定义这个问题到底是什么。

3. 发散思维

发散思维是指利用多角度、不同的思维方向，不受限于现有知识范围，不遵循传统的固定方法，从已知信息中产生大量变化的、独特的新信息的思维方式。发散思维表现为思维视野开阔，思维呈现出多维发散状。不少心理学家认为，发散思维是创造性思维最主要的特点，是测定创造力的主要标志之一。

四、创新思维的培养

许多著名科学家对创新思维曾有过精彩的论述。爱因斯坦指出："物理学家的最高使命是要得到那些普遍的基本定律，……要通向这些定律，没有逻辑的道路，只有通过那种以对经验的共鸣的理解为依据的直觉，才能得到这些定律。"他还说："想象力比知识更重要，因为知识是有限的，而想象力概括着世界的一切，推动着进步，并且是知识进化的源泉。严格地说，想象力是科学研究中的实在因素。"普朗克也有类似的见解，他说："每一种假说都是想象力发挥作用的产物，而想象力又是通过直觉发挥作用的。"美国麻省理工学院的戈登教授认为："既然发明创造不是阐明已知的事物联系，而是要发现事物间未知的联系，因此，要靠非推理因素来把似乎无关的东西联系起来。"

对任何一个人来说，创新思维是可以训练的，区别仅在于通过训练所取得实效程度的不同。高校大学生完全可以通过坚持不懈的培养和训练增强自己的创新思维能力。

(一) 发散思维的训练

发散思维是指大脑在思考时呈现的一种扩散状态的思维模式，是从一个问题出发，突破原有的圈圈，充分发挥想象力，经不同的途径、方向，以新的视角去探索、重组眼前的和记忆中的信息，产生出多种设想、答案，使问题得到圆满解决的思维方法。大学生可以通过从不同方面思考同一问题，如“一题多解”“一事多写”“一物多用”等方式，培养自己的发散思维能力。

例如，从数字“13”可否联想到中毒或者《肖申克的救赎》？乍一看，会觉得不可能，我们尝试一下，如图 1-1 所示。

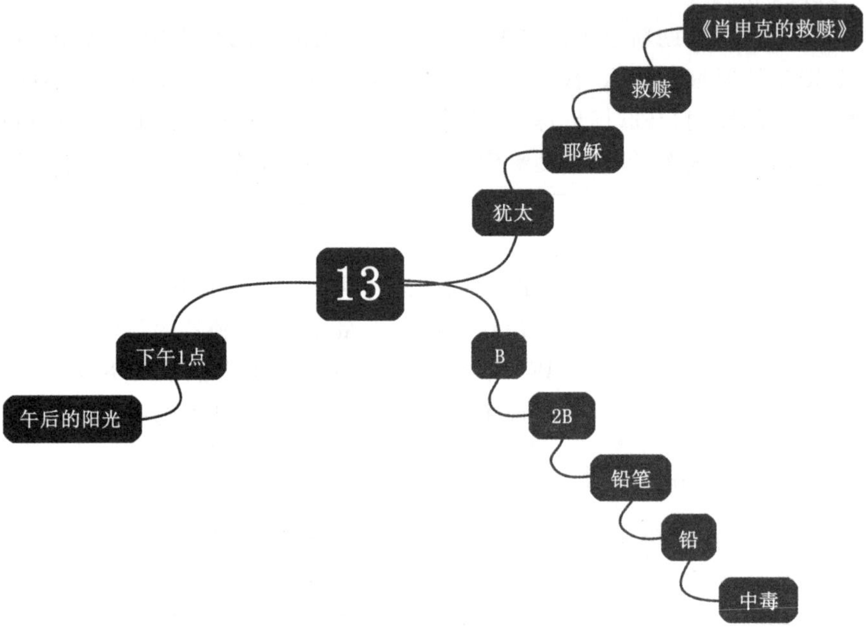

图 1-1　发散思维示意图

从这张图可以看出，我们平时很难从“13”直接联想到“中毒”或《肖申克的救赎》，但如果按逐级发散（联想）的方法，则联想的思维可以得到充分的展开，这也就是发散思维在实际创新中的工作模式。

1. 训练发散思维能力要遵循的原则

（1）考虑所有因素：尽可能周全地从各个方面考察和思考一个问题。

（2）预测各种结果：思考一个问题时应考虑各种“后果”或最终可能出现的结局。这有利于对事物的发展有较明确的预测，并从中寻求最佳的结局模式。

(3) 尝试跳跃思维：当解决某个问题遇到困难时，可以采用思维跳跃的方法，即不从正面直接入手，而是另辟蹊径，从侧面突破困难。

(4) 寻求多种方案：在思考问题时，可快速“扫描”并指向事物或问题的各个点、线、面乃至立体空间，寻找多种方案，并对方案进行深入思考，从而找到全新的思路和方法。

2. 训练发散思维的方法

(1) 发散思维的漫想

如由“方”漫想到“方”和“圆”：从图形上看，方形是一个由四条直线相交而成的闭合体，这使人联想到我国古代城池的构造、老北京四合院的形状——方方正正。方，明明白白地划清了界线，它象征着一种原则性；曲与直，是与非，内与外。方的缺点是毫无弹性。就弹性而言，圆可称得上方之楷模，它首先使人想到脸，一会儿笑，一会儿哭，喜怒无常；它又如一个皮球、一个月亮……继而产生如月光、阴晴圆缺、边关、说“贫”道“富”等多种意象。

(2) 发散思维的创造性想象

想象的目标可以是在任何一个层面上的，如身体的、情绪的、精神的，想象自己处于一个新的家庭中，或从事一个新的职业，或拥有一种美妙的关系，或感到平静自在，或获得一个改进了的记忆，或拥有强盛的能力；还可以想象自己毫不费力地处理一个困难的局面，或看到自己作为一个辉煌的人物，内心充满光明和爱，在任何一个层面上都会取得成果……利用创造性想象将会找到对自己最有效的、独特的形象和技巧。

(3) 发散思维的各种联想

① 相近联想

根——叶　同学——高中生活

② 相似联想

网——法网　苹果的生命——青春的生命　牵牛花——小喇叭

③ 对比联想

老照片——新照片　顺耳——逆耳

再举个例子，医学专业的学生在学习完内分泌及甲状腺激素内容后，可向自己提出几个问题：正常人与甲状腺功能亢进(甲亢)患者相比，基础代谢有何不同？正常人与甲亢患者相比心血管系统和神经系统有何不同表现？机体如何维持甲状腺激素的稳定水平？进行知识延伸，既能拓宽学习思路，还可减少思维定式的冲击或负效应。从甲状腺激素的作用联想到其稳定水平升高时对机体的危害，可以提高自身认识生理变化、分析和医治疾病的实践能力，可将糖皮质激素、性激素等相关的内容通过这样的方式去学习，还可以与临床锻炼相结合，把所学知识在实践中运用，把所学技能操作在练习中巩固，而不单单只是记住甲状腺激素的作用和作用机制。

（二）逆向思维的训练

逆向思维是对司空见惯的、似乎已成定论的事物或观点反过来思考的一种思维方式。让思维向对立面的方向发展，有利于从问题的相反面深入地进行探索。对于某些问题，从结论往回推，倒过来思考，从求解回到已知条件，反过去想或许会使问题简单化。逆向思维示意如图 1-2 所示。

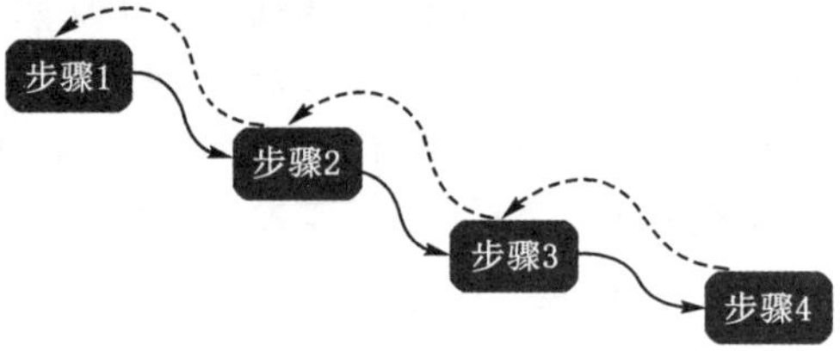

注：在原有的经验中，实线是经验步骤；虚线则是逆向而为，向反方向运动。

图 1-2　逆向思维示意图

【案例】

在工业现代化的过程中，流水线的生产模式是生产效率优化的经验认知，从传统的手工作坊到流水线生产的发展如图 1-3 所示。

图 1-3　手工作坊到流水线生产

在过去的一百年时间里，生产方式的流水线化已成为根深蒂固的认知（经验），很少有人会想到有一天会从流水线生产模式转为手工作坊式的单人生产（一个人做完生产流程中的各项工作）。有人说 20 世纪是大量生产、大量消费的时代，而 21 世纪则是小批次、大规模生产，多样化消费的时代。为满足这个时代的需求，市场出现了替代流水线生产模式的单元化生产。比如三星电子在 2008 年左右启动内部单元化生产模式研发，最终的效果是生产效率提升 60% 以上，而在这种生产模式中，手工作坊式的单人生产——单元化生产，就是逆向思维的表现。具体如图 1-4 所示。

图 1-4 流水线生产到单人生产

从流水线生产转向单元化生产，适应了新的消费者需求。如果我们难以打破百年以来对流水线生产一定优于单人生产的固有认知，则难以创造单元化生产这种全新的生产制造流程。

使用“逆向思维”思考问题，常常会帮助人们在“山重水复疑无路”时，进入“柳暗花明又一村”的境界。在日常生活中，大学生要积极主动地运用逆向思维去启发和拓宽自己的思路。当陷入思维的死角不能自拔时，不妨尝试一下逆向思维法，打破原有的思维定式，反其道而行之，说不定就会豁然开朗。

（三）平面思维的训练

平面思维是一种二维思维，能将横向的现实知识与纵向的历史知识结合起来思考，从不同方面去说明思维的中心，从而相对地达到认识的全面性。英国学者爱德华·德波诺提出了一些促进横向思维的方法：第一，对问题本身产生多种选择方案（类似于发散思维）；第二，打破定式、提出富有挑战性的假设；第三，对头脑中冒出的新主意不要急着做是非判断；第四，反向思考，用与已建立的模式完全相反的方式思维，以产生新的思想；第五，对他人的建议持开放态度，让一个人头脑中的主意刺激另一个人头脑里的东西，形成交叉刺激；第六，扩大接触面，寻求随机信息刺激，以获得有益的联想和启发，如到图书馆随便找本书翻翻、从事一些非专业工作等。

平面思维更具有跳跃性和广阔性，联系和想象是它的本质。大学生在平时要多多训练自己的想象能力，善于在事项之间进行跳跃连接，从不同方面去说明思维的中心，以达到解决问题的目的。

（四）立体思维的训练

立体思维也称多元思维、全方位思维、整体思维、空间思维或多维型思维，是指跳出点、线、面的限制，能从上下左右、四面八方去思考问题的思维方式，也就是要“立起来思考”。它包含以下几方面的要求：一是思维可以从不同的方面、不同的角度、不同的逻辑起点、不同的程序来考察世界，而不拘泥于某一方面、某一角度；二是关注多种思维活动的并存性与联系性，即通过多种思维形式来揭示事物的多层次联系；三是各种思维形式依据一定的条件相互转化，彼此之间不存在绝对界限。

立体思维训练的方法主要有三种。

(1) 整体性思考法，即以诸多因素综合为依据进行整体性思维。在立体思维过程中，要全面把握、反映思维对象的整体，运用整体性的思考方法，把看起来零碎的、没有联系的东西组成互相联系的整体。

(2) 系统性思考法，以各层次、因素、方面贯通为依据，注意层次或顺序，或是从小系统到大系统逐级进行，或是从大系统到小系统逐级进行，不能越级，避免出现错误。

(3) 结构分析思考法，以纵横因素交织为依据，了解整体或系统中各组成部分分别处于什么位置，各起着什么作用，应当如何组合、排列等。

五、创新思维的实践活动

实践是认识的源泉，是认识的基础、认识发展的动力，是检验认识是否具有真理性的根本标准。知识与创新之间的桥梁就是实践。知识是一种高效益的创新资源，知识通过给予新的模型、方法、观念等方式参与创新，但知识的创新功能只有借助于实践的力量才能实现。所谓创新能力就是运用知识和理论，在科学、艺术、技术和各种实践活动领域中不断提供具有经济价值、社会价值、生态价值的新思想、新理论、新方法和新发明的能力。同时，知识积累既是知识创新的活水源头又是其归宿。创新过程必然伴随着知识的创新，而任何创新成果最终都必将汇入人类知识积累的海洋，成为人类永久的财富。

"纸上得来终觉浅，绝知此事要躬行"，心中悟出始知深。"悟"强调的是个体经验激活在理解、吸收、构建和掌握知识过程的意义，丰富的想象力、探索问题的敏锐性、思维的灵活性是知识拥有活力的前提；"躬行"是通过活动、实践，实现知识的领会、掌握与应用。可见，创新思维能力与知识、实践存在着必然的、有机的内在关系。知识是创新的基础，想象是创新的先导，求异思维是创新的源头，而实践既是知识与创新思维能力培养的桥梁，也是人类创新知识的源泉，还是人类知识积累的目的所在。

缺少了创新实践锻炼，大学生创新思维能力培养就只能是"纸上谈兵"。大学生创新思维能力培养的主要实践途径有社会实践活动、科技创新活动、实验创新活动、创新基地实习等。此外，金工实习、毕业设计、拓展训练等其他方式也是大学生很重要的实践方式。

（一）科技创新活动

大学生的科技创新活动，是指以学生个体兴趣为导向，学校有组织地引导他们参加各种形式的科技创新训练与研究实践，以培养大学生的科技创新意识、创新精神。科技创新活动是培养大学生综合素质的有效手段，通过开展学术研究，可以培养学生的探索精神和探究式学习习惯，提高其观察想象能力；通过对具体问题的分析论证，可以提升其逻辑思维能力；通过设计、研制过程，可以改善其动手操作能力、专业知识综合应用能力；通过撰写科研报告、论文，可以提高其文字写作水平、科学表达能力。科技创新活动可以促进大学生崇尚科学、追求真知观念的形成，可以培养大学生的创新意识，提高其综合设计能力、工程实践能力、科技创新思维能力。科技创新活动有利于大学生健全人格的改善，有利于增强其沟通交往能力，培养其团队合作精神，培养其面向未来职业活动的不可缺少的品质和经验。

科技创新活动要达到预期的效果，重要的是能够激发大学生的兴趣与热情，并在大学里将其建设成为造就高素质人才的一项基本的、常规的机制。科技创新活动是全面综合性的活动，是一项将理论应用于实践的活动，其形式可以丰富多样。

（二）竞赛驱动平台

以“挑战杯”“创青春”等为代表的全国大学生系列科技学术竞赛是大学生开展科研训练、培养创新能力的重要平台。创业计划竞赛和课外学术科技作品竞赛等项目，为大学生提供了一个勇于创新、积极创业的实践、实训平台。大学生可依托这一平台，将立项选题更多地与自身的专业相结合，从而加强专业知识的学习，积极开展有益的社会实践活动，了解社会需求，在实践、实训过程中找到创新的灵感和动力，在实践、实训过程中提升和锻炼自己的创新能力与应用能力。

（三）社会实践

一般说来，大学生具备走向实践、适应社会的一般知识与专业知识，所欠缺的主要是加工处理知识、运用知识的能力，也就是思维能力不够。创新思维来自实践且服务于实践，以实践为出发点和落脚点。社会实践中产生的创新需求是创新活动不衰的动力。社会实践是指高校学生深入现实社会，参与具体的生产劳动和社会生活，以了解社会、增长知识技能、养成正确的社会意识和人生观的过程。大学生多参加社会实践活动有利于对理论知识的转化和拓展，可增强运用知识解决实际问题的能力，也有利于增强适应社会、服务社会和组织协调的能力，提高个人素养，完善个性品质。社会实践活动对于开发大学生的创新思维能力，培养大学生的主观能动性、创新意识具有极其重要的推动意义。

训练创新思维能力犹如练习游泳，仅仅在岸上观察动作和模仿动作是不够的，必须要有下水游泳的兴趣和切身体验。大学生要做到勤思考、多用脑，主动加强创新思维能力的学习和训练，既异想天开，又实事求是，打开自己所有的“接收器”，全方位地接收外界的信息，学会从多个角度看待身边的事物，并从中寻找不同和被忽略的地方。

第四节　创新能力

我国悠久的教育发展史中闪烁着一些简单而朴素的创新能力培养的思想和方法。两千多年前，老子就在《道德经》中提出“天下万物生于有，有生于无”的创造性思想。孔子提出要“因材施教”以及“不愤不启，不悱不发。举一隅不以三隅反，则不复也”。1919 年，著名教育家陶行知先生在《第一流的教育家》一文中提出要培养具有“创造精神”和“开辟精神”的人才，培养学生的创新能力对国家富强和民族兴亡有着重要意义。

一、创新能力的概述

创新能力是指个体运用已有的基础知识和可以利用的材料，并掌握相关学科的前沿信息，从而产生某种新颖独特的有社会价值或个人价值的思想、观点、方法和产品的能力。创新能力由创新意识、创新思维、创新技能三大要素构成。

创新能力被视为智慧的最高形式，它是一种复杂的能力结构，创新思维处于最高层次。创新能力主要体现在提出问题、解决问题，实质是一种创造性解决问题的能力，还包括认识、情感、意志等因素。创新能力要求不循规蹈矩、不因循守旧、不故步自封。在知识经济时代，知识创新将成为未来社会创新和发展的核心，人的创造力的竞争将成为未来社会竞争的基础和动力，培养创新人才将成为决定企业和国家竞争力的关键。

美国创造心理学家格林提出创新能力由知识、自学能力、好奇心、观察力、记忆力、客观性、怀疑态度、专心致志、恒心、毅力等十个要素构成。日本创造学家进藤隆夫等提出创新能力由活力、扩力、结力和个性四个要素构成，活力是精力、魄力、冲动性、热情等因素的集合；扩力是发展行为、思考、探索性、冒险性等因素的共同效应；结力是联想力、组合力、设计力等因素的综合；个性是个人特性，由个体才能、素质等个人能力特征综合而成。

我国学者对创新能力的理解各不相同，基本上可以划分为三种。第一种观点认为创新能力是个体运用一切已知信息，包括已有的知识和经验等，产生某种独特、新颖、有社会或个人价值的产品的能力，包括创新意识、创新思维和创新技能等三部分，核心是创新思维。第二种观点认为创新能力由两个相互关联的部分组成，一部分是对已有知识的获取、改组和运用；另一部分是对新思想、新技术、新产品的研究与发明。第三种观点认为创新能力应具备基础知识、专业知识、工具性知识或方法论知识及综合性知识等四类知识结构。

二、创新能力的构成

中共中央、国务院印发的《国家创新驱动发展战略纲要》提出：2020 年我国进入创新型国家行列，2030 年跻身创新型国家前列，2050 年建成世界科技创新强国。我国经济保持长久持续的良性发展需要创新提供强大的动力和支撑，创新能力日益成为影响一个国家国际竞争力和国际地位的重要因素。大学生是国家和民族的未来和希望，是最具活力和创造性的群体，是国家经济建设和社会发展的主力军。大学生的创新能力主要包含如下几个方面。

（一）学习与分析能力

学习能力指获取、掌握知识、方法和经验的能力，包括阅读、写作、表达、记忆、理解、搜集资料、获取信息、使用工具、对话和讨论等能力。学习能力还包括学习的态度和习惯。缺乏学习能力的人往往会知识贫乏、眼光狭窄，没有强烈的创新意识、创新思维，是不可能有什么重大科技创新和技术发明的。

分析能力指把事物的整体分解为若干部分进行研究的技能和本领。分析能力与三个因素有关，一是个人的知识、经验和禀赋；二是分析工具和方法的水平；三是共同讨论与合作研究的品质。随着科学技术的发展，高性能计算机和各种科学仪器及新的分析方法的出现和应用，有效地提高了人们的分析能力。分析能力也有局限性和片面性，容易使人“只见树木，不见森林”，忽视从整体上把握事物。因此，我们通常把分析能力与综合能力结合起来运用，两者取长补短、相辅相成。

（二）想象与创造能力

想象能力指以一定知识和经验为基础，通过直觉、形象思维或组合思维，不受已有结论、观点、框架和理论的限制，提出新设想、新创见的能力。想象力是创新思维的基础之一，在创新活动中是开路先锋，往往是发现问题和解决问题的突破口。缺乏想象力的人思维枯竭，很难从事创新性工作。只有让知识

“活”起来，让知识借助想象力得到升华，才能有创新。

【案例】

锦州医科大学口腔专业的研究生在临床治疗过程中受到老师的启发，提出了一个大胆的想法——是否能够有一款仪器可以测量根管内的含水量，并通过该款仪器制定出根管治疗干燥程度的标准，使口腔科临床医师的操作更加规范化。他们在老师的带领下，与专业从事水分测量的企业合作，成功研制根管水分测量仪，为口腔科临床治疗增添了自主研发的仪器，也为口腔科临床治疗提供了一种参考手段。

创造能力是创新能力的核心，是创新人才的禀赋、知识、经验、动力和毅力的综合体现。

【案例】

截至2015年年底，华为的产品与解决方案已应用于全球170多个国家和地区，服务近30亿人，支持1 500多张网络运行，保障130多个重大事件及自然灾害期间的网络稳定，光纤网络长度超过5万千米；累计获得专利授权50 377件，申请中国专利52 550件、外国专利30 613件，90%以上为发明专利。华为有八万多研发人员，每年研发经费中有20%～30%用于研究和创新，70%用于产品开发。华为在世界建立了26个能力中心，并逐年增多，聚集了一批世界级的优秀科学家，他们全流程地引导着公司的创新。在坚持自主创新的同时，华为还积极以竞争对手研发的前沿技术为基础进行再创新，形成以核心技术和标准专利为核心的竞争资源，被世界瞩目。

（三）整合与综合能力

创新人才能够利用掌握的知识、资源把多种才能有效地整合在一起发挥作用。通过学习、实践和人生历练，创新人才能够整合多种才能和力量，一旦条件成熟就能完成重大创新，因此，拥有整合能力是创新人才成功的一个关键。

综合能力指把研究对象的各个部分结合成一个有机整体进行考察和认识的技能和本领。综合是把事物的各个要素、层次和规定用一定线索联系起来，从中发现它们之间的本质关系和发展规律。综合能力包括三项内容：一是思维统摄与整合，把观察和掌握的事实材料、大量分散的概念、知识点综合在一起，进行思考、加工和整理，并形成自己对事物的新认识，是一种由现象到本质、由偶然到必然、由特殊到一般、由感性到理性的对事物的整体把握；二是积极吸收新知识，进行跨学科交叉学习，把不同学科的知识、不同领域的研究经验综合在一起，消化、吸收后达到融会贯通；三是综合能力与分析能力相结合，把分析能力融入综合能力之中，必要时可进行深入、细致的分析，细节决定成败，这样才能更正确、深刻地认识事物；把握事物内部关系的来龙去脉，实现有价值的创新。

（四）实践与批判能力

实践能力特指社会实践能力。做出创造发明成果，只是创新活动的第一阶段，而成果要得到承认、传播、应用，实现其学术价值、经济价值和社会价值，创造者必须要和社会打交道。实践能力正是创造者为实现成果转化和多种价值而进行的各种社会实践活动的能力。

批判能力指在学习、吸收已有知识和经验的同时，对其进行选择性、批判性地吸收和接受，是一种去粗取精、去伪存真的能力。在研究和创新方面，质疑和批判是创新的起点，是创新思维锻炼的开始。没有质疑和批判就只能跟在权威和定论后面亦步亦趋、人云亦云，不可能做出突破性进展和创造性贡献。科学技术史表明，重大创新成果通常都是在对权威理论进行质疑和批判的前提下做出的。

【案例】

年仅21岁的徐荣祥在青岛医学院临床学习阶段，第一次目睹了烧伤患者痛苦万分的场面。他不忍心看下去，扭头问身旁的老师："有没有其他方法来帮助患者解除痛苦?"老师肯定地说："烧伤干性疗法和切削痂植皮技术是目前国际上最先进的医疗技术，我们国家的水平在世界上处于领先地位。"听完老师的回答，徐荣祥无法安枕。既然是最先进的医疗技术，为什么患者这么痛苦？徐荣祥对传统的干性疗法和切削痂植皮技术提出了质疑。"南瓜皮损伤修复试验"让他发明了"烧伤湿润暴露疗法"。徐荣祥把烧伤发病学和创疡发病学结合起来研究，逐步建立起较独立的具有中国特色的中国烧伤创疡医学理论体系，即让烧伤组织立体式显露在一个生理湿润空间内再生修复，从而解决了临床上治疗烧伤创面的四大难题：创面疼痛、创面感染、创面进行性坏死、深Ⅱ度烧伤瘢痕愈合，从而使"烧伤湿润暴露疗法"成为一种治疗烧伤的新方法。

三、创新能力的培养

创新能力是创新型人才的核心能力，培养大学生的创新能力重在培养创新意识和创新思维能力、创新学习能力、创新实践能力。

（一）培养创新能力的重要性

1. 创新能力培养是当代大学生获取知识的基础

在知识经济时代，知识的增长率飞涨，更新周期不断缩短，知识的掌握更侧重于对知识的选择、整合和转化，而不再是单纯强调知识的接受。大学生最需要掌握的是涉及面广、迁移性强、概括程度高的“核心知识”。这些知识不是通过言语就能传授和掌握的，它要通过学生主动“构建”和“再创造”才能获得。因此，大学生培养创新能力才能使自身具备获取知识的能力，才能把握所学知识的精髓，进而有所创新。

2. 创新能力培养是大学生提升自身核心竞争力的关键

创新能力是人的综合能力的外在表现，是一种能力素质，以深厚的文化底蕴、高度综合化的知识、个性化的思想和崇高的精神境界为基础。心理学研究表明，创新能力是一种认识、人格、社会层面的综合体，涉及人的心理、生理、思想、智力、人格等诸多方面，并且这些方面相辅相成。创新能力能巩固和丰富人的综合素质，是一个人综合素质的最高体现，是一个人潜质全面发展的必然结晶，具有综合性、发展性、创造性和开拓性的特点。目前，大学生的就业问题越来越受到人们关注，影响大学生就业的因素有很多，创新能力则是影响大学生就业的最根本因素之一。用人单位不只重视大学生的学历和成绩，更注重大学生的务实精神和创新能力，一个毫无创新能力的大学生很难受到用人单位的青睐。

大学生成功就业和创业离不开创新能力。创新能力的培养和提升过程就是个人核心竞争力提升并夯实的过程，创新能力可以为大学生未来的职业生涯开创一片新的天地。

（二）培养创新能力的途径

1. 改变知识获取

创新的实质既来源于现实，又是对现实的超越。要实现超越，需要对现实独具“挑剔”与“批判”的眼光，善于观察周围事物，发现和捕捉其不完善、不正确的地方。“学起于思，思源于疑”。质疑是追求知识、探求知识、发现问题的开始，是主动获取知识而非被动接受知识的第一步。爱因斯坦曾经说过：“提出一个问题比解决一个问题更重要。”创新能力是人的各种能力的综合体现，大学生的观察、思维、想象、创造等各种能力的培养融合在知识的获取和内化过程中，它们不可能游离于知识之外而独立存在。虽然知识本身不具备各种能力因素，但大学生通过知识的学习、积累与运用可以形成观察、思维、想象和创新等各种能力。因此，大学生在日常生活中要有意识地观察和思考一些问题，通过有意识的自我训练，提高观察能力和大脑的灵活性，培养主动获取知识、自主探究问题的学习能力。

2. 掌握创新方法

如果把创造、创新活动比喻成过河的话，方法和技巧就是过河的桥或船。行之有效的创新方法是打开创造大门的钥匙。创新方法是创造学家根据创新思维的发展规律总结出来的一些原理、技巧和方法。创新方法的应用既可直接产生创造、创新成果，也可启发人的创新思维，提高人的创造力、创新能力和创造、创新成果的实现概率。大学生可以参加培养创新能力的相关课程或培训班，学习一些创新理论和技法，经常看一看、做一做创造学家和创新专家设计的训练题等，都是提高创新能力的途径。

3. 培养创新品质

研究表明，有创造性的成就者，其智力水平可能会高于人类平均水平，但智力本身与创新能力相关不大，非智力因素与创新能力的关系却十分紧密，有时甚至是创新成功的决定因素。因此，开发创新能力不仅需要对智力进行训练，更要对创新者的目标、兴趣、意志、情感、自信心、信念等非智力因素进行培养，即创新品质的培养。大学生可以在平时的学习、生活中利用正能量的心理暗示，提升自身的心理素质，锻炼自己的意志，发掘自己的各项潜力，努力改变自己、创造自己，做最好的自己。

4. 积极参加创新实践活动

通过实践，人类才有了无数的发现、发明和创新。实践能够检验和发展创新，一些重大的创新目标，往往要经过实践的反复检验才能最终确立和完善，实践是创新走向成功的基础。人们越是积极地从事创新实践，就越能积累创新经验、塑造创新思维、锻炼创新能力、增长创新才干。创新是通过创新者的实践活动实现的，任何创新思想，只有付诸行动，才能落地生根，才能形成创新成果。因此，重视实干、重视实践是创新的基本要求。大学生要积极参加社会实践活动和创新创业实践，培养善于观察、思考的能力及大胆想象的能力，养成勤动脑、爱思考、勤动手的好习惯，提高自己的观察能力和创造性思维。在老师的指导下，应从学习、生活及社会实践中选择、确定研究专题，用类似科学研究的方式，主动去探索、发现和体验新观点、新事物与新情境，从而培养自己的创新精神和实践能力。

第五节 创新心理

一、创新心理的概述

创新心理指主体综合性地运用知识经验与新的信息，通过观念的调整与转变，开展引进与研究开发新事物和对人类文明进步有益的新型活动的心理过程。简言之，创新心理指主体进行创新活动的心理过程。

某种意义上讲，创新是一种求异性思维，是一种“标新立异”的过程。没有求异，就不可能有独到的发现，也不可能对事物有独到的见解，“标新”正是求异的结果。因此，标新、立异都体现为鲜明的个性，是创新的内在要素。

创新人才首先需要一种追求成功的心理，这是创新的内在动力。有了这样的动力，才能对创新活动充满激情、充满自信，才能激发创新的自觉性，这是创新人才具有强烈创新欲望和创新意识的重要基础。创新还表现为对自身内在情绪的调适和控制，防止产生可能的困惑、焦虑和过于紧张的情绪，使人具有良好的、合理的、理智的创新行为。

创新是一个不断探索的、充满艰辛和痛苦的过程。经过无数次失败和挫折走向成功是创新的必经过程，因此，创新人才需要坚强的意志，需要经得起失败的勇气和耐挫折的品质。创新活动也是一种合作的过程，创新人才在展现个性的同时，必须打破自我封闭，增强开放意识，学会高效合作、与人相处，不断提高人际交往能力。自我封闭、孤芳自赏、唯我独尊及各种非理性行为都不利于创新目标的实现，因此，创新人才需要开放的意识和合作的精神。

二、创新动机和兴趣

动机是激发和维持个体活动，并朝向某一目标努力的内驱力。动机与满足需要的具体途径和方式联系在一起，并通过某种活动体现出来。动机总是要付诸行动的，动机被激发后产生导向作用，指引人开始行动，直到目标的实现。动机可维持和调节个体活动的强度和持续时间，过低和过高的动机强度都不利于活动的完成，中等强度的动机最有利于活动的完成。当行为和目标一致时，动机发挥正强化作用，能加速实现目标；反之，负强化作用阻碍目标的实现。

好奇心是创新的内在动力。人们可以通过参观博物馆、展览馆，听取发明创造报告，学习有用材料，了解前沿信息等途径，激发创新的好奇心。

兴趣是人们积极认识某种活动的心理倾向。兴趣能推动人们前进，是一种鼓动力量。需要产生兴趣，当人们对某个事物有了一定的了解，需要进一步了解时就会发生兴趣。例如，看小说、电视连续剧时，当人们对内容不了解时，就不会有兴趣；当人们看了一部分，需要继续了解时就产生了兴趣。一个人并不是天生对某一事物产生兴趣的，兴趣主要是通过学习和工作的培养形成的。许多发明家、科学家一开始并不对所学专业感兴趣，后来在学习和工作的过程中，逐渐了解它的重要作用，热爱上了这个专业，然后产生了兴趣。

兴趣促使人们多方面接触和注意多种事物，获得广泛的知识，促使智力获得发展。兴趣使人们喜欢钻研深邃的问题，为创新提供了基础，可以推动创新成果的诞生。

三、创新心理障碍及克服

创新的心理优势是在破除阻碍创新的心理劣势中形成的。影响创新的几种心理障碍及其克服方法主要有：

① 创新动力不强。这是许多具有创新潜力的人毫无成就的一个重要原因。动力是推动创新的源泉，没有动力的人对创新缺乏敏感性，不会主动、深入地思考问题，无法在创新过程中抓住稍纵即逝的机遇。克服动力不强的方法在于行动。为了达到某一目标，可制订具体的实施计划，可做一些基础调查。在调查资料的分析过程中，寻找改进与完善的地方，就会有发明、创新的灵感，不知不觉中就具有了强烈的创新动力。在众多可供深入研究和实践的事物中，提取更切实可行的某一点付诸行动，既增加了创新成功的概率，也增强了创新动力。

② 怕风险。这是最常见的影响创新的心理障碍，怕创新失败遭受经济损失，也怕创新失败伤害自己、受到惩罚等。新事物通常是对既定秩序、程序的威胁或破坏，会受到旧事物的抵制甚至打击，从而给创新者带来巨大的思想压力，使创新者不敢前进、缩手缩脚，影响创新事物的出现和发展。克服怕风险的心理，要估计创新带来的后果，风险与收益呈一定关系，小创新收益小，风险也小。应根据收益、风险决定创新的大小，认识到创新也会带来消极后果，从而避免消极后果影响创新的大收益，正确权衡两者利弊，不盲目冒进，也不惧怕风险。

③ 急于求成。这是一种急功近利性的行为障碍，过分看重行为结果与切身利益的直接关系，忽视行为过程及间接因素的作用，常常出现理想结果与实际结果差距较大的现象。急于求成使人缺乏耐性，行为受挫后个体承受能力

降低，产生焦虑，甚至会导致心理疾病等不良后果。增强自制力、意志力，控制自己的急躁情绪，做事持之以恒，可以避免急于求成的发生。

④ 朝三暮四，目标不专一。克服这种心理障碍，要认真分析过去行动中存在的问题，选择适当的目标和行为，静下心来，用足够的耐心和持久力去完成某一件事情，不达目的绝不罢休。“虎头蛇尾”形容一件事开始时轰轰烈烈，结束时无声无息、不了了之，没有达到目标。克服此种心理障碍需要反复确定创新目标，树立克服困难的勇气和决心，加强干劲，坚持有始有终，最终完成目标任务。

⑤ 过于挑剔。用挑剔的眼光看待事情会怀疑一切，把困难看得过于严重，顾虑重重、畏缩不前，导致坐失良机，在创新过程中无所作为。解决此种情况，对人对事不能过于挑剔，要多倾听别人的意见，学会客观判断。只有真正地去实践、去尝试，才可能有所创新。

第六节　创新设计

一、创新选题

创新选题的重点在于“新”，“新”代表着新思路、新方法、新结论。选择的课题内容应是前人没有解决或尚未完全解决的，具有一定的新颖性和先进性，有一定新意和价值，最后的研究结果应有一定的意义或指导作用。课题也要有一定的可行性，符合客观规律，经过努力是可以实现的。

找选题的方法和途径多种多样，兴趣驱动、适合自己的才是最好的选题。第一，从专业知识中找选题。学生在学习各专业知识的过程中，针对专业知识特点联系实际情况找突破点，思考问题如何解决，借助网络查找资料，然后不断修正课题，通过学习来选择课题。第二，从科技文献中找选题。科技文献指在科学技术方面有历史价值或参考价值的图书资料。首先选择自己有兴趣的大方向，然后在查找资料的过程中，逐步细化方向，确定具体的课题目标。从文献资料中可以了解相关资料过去和现在的研究水平、研究现状，还能学到别人研究的方法、手段、经验与教训。这些方法能使自己的选题更加准确，少走弯路。第三，从工作、生活中找选题。每个人都有各自的生活实践，所处环境的差异造成对周围事物的认识不同，就会产生各种不同的想法。从生活和工作中找到更好的改变办法也可以作为创新的选题。第四，在沟通、交流中找选题。针对某一话题，人们互相发表观点看法，讨论、沟通和交流。有人说优点，有人说缺点，这样就会产生思维碰撞，使人认识到某一问题的多个方面，也可以使选题更加清晰，明确哪些是可以做的，哪些是需要改善的，等等。

提出一个问题往往比解决一个问题更重要，面对选题时应鼓励更多的学生发表自己的意见，从多方面提出问题；以探究学习为开端，激发学生的求知欲和创造力，锻炼学生的思维能力。所以，要培养学生发现问题、提出问题的能力。

教师可以设置开放性的题目，要求学生摒弃条条框框，发散思维，进行天马行空的想象并发表见解；教师也可引导学生进行思考，步步深入，抓住事情的本质。在此过程中，给学生更广阔的思维空间，调动学生的探究热情，帮助学生打开思路，让他们认识到无限想象、深入思考对创新的价值，从而促进学生创新思维的培养。

二、创新设计的要求

创新性是指创新主体的创新意识和各种需求相结合所形成的一种创新状态。设计主体具有创新性，才能设计出创新的内容。创新设计要有科学性、实践性和应用性。科学是运用定理、定律等思维形式反映现实世界各种现象的本质和规律的知识体系。创新设计的科学性要求创新内容符合客观规律，有科学性才能保证研究内容有一定的正确结论，不会偏离科学的研究方向。实践一般指具体现实中的操作活动，是人类有目的地改造世界的活动。实践性要求创新内容要能深入实际，能在一定程度上做出成果，而不是凭空想象不能实现的。应用一般指实际的使用，应用性要求创新内容具有一定的实际使用价值，有一定的实际意义，而不是华而不实的无用产品。

创新设计的名称要求新颖、准确、有吸引力。名称即题目是设计的一个窗口，名称令人耳目一新、过目不忘，这样才能有一定的吸引力。设计的名称要有准确性、简明性，要在对创新内容进行深入研究分析的基础上，对设计内容的特点、类型、功能与作用等因素进行综合考虑，以求拟出能准确、一目了然地反映内容的主要含义、特征等信息的题目。

三、申请发明专利

（一）专利基本知识

大学生通过创新训练如获得了创新成果，从中可以挑选出质量较高并有一定价值的产品或方法、方案，申请专利。专利主要指专利权，专利是一种无形财产，组织（单位）或个人的某项发明创造一旦被国家批准授予专利权，将受国家法律保护。拥有专利权的人才有资格使用该专利技术,他人未经专利人许可不得使用该技术或方法,否则即为侵权,将遭到国家法律的制裁。

专利法是确认发明人(或权利继受人)对其发明享有专有权,规定专利权的取得与消灭、专利权的实施与保护,及其他专利权人的权利和义务的法律规范的总称。国家规定专利权有一定的保护期限,专利期限届满后,专利权即行消灭,任何人皆可无偿地使用该项发明或设计。专利法有利于保护专利权人的合法权益,鼓励发明创造,推动发明创造的应用,提高全社会的创新能力,促进科学技术进步和经济社会的发展。

专利主要分为三种类型。第一种,发明专利。此种专利技术的全部技术内容均得到法律的保护,保护期限为 20 年。第二种,实用新型专利。这种专利技术只有部分关键技术内容受到法律保护,保护期限为 10 年。第三种,外观设计专利。该种专利技术只是在产品外观方面得到法律的保护。外观指产品的形状、图案或者二者的结合及与图案、形状结合的色彩等。

我国于 1984 年 3 月 12 日颁布了《中华人民共和国专利法》(以下简称《专利法》),2000 年 8 月 25 日通过《关于修改〈中华人民共和国专利法〉的决定》。专利法的实施,不但保护了发明人、设计人的权利与利益,而且激发了发明人、设计人的发明创造热情。发明人与设计人经过申请办理获得专利权后,该项发明设计技术就会向全社会公开,一般均公开在专利公报上。一方面,其他发明创造者登录专利网站查询、搜索是否有类似或相关专利的申请授权,可以确定创造者所申请的专利新颖性。另一方面,有意需要这方面技术的人员获得信息后,与发明人或设计人商谈达成专利转让或合作协议,有利于专利快速转化,促进专利技术的推广和应用。

《专利法》第十一条规定:发明和实用新型专利权被授予后,除本法另有规定的以外,任何单位或个人未经专利权人许可,都不得实施其专利,即不得为生产经营目的制造、使用、许诺销售、销售、进口其专利产品,或者使用其专利方法以及使用、许诺销售、销售、进口依照该专利方法直接获得的产品。外观设计专利权被授予后,任何单位或个人未经专利权人许可,都不得实施其专利,即不得为生产经营目的制造、许诺销售、销售、进口其外观设计专利产品。

《专利法》第十二条规定:任何单位或个人实施他人专利的,应当与专利权人订立实施许可合同,向专利权人支付专利使用费。被许可人无权允许合同规定以外的任何单位或个人实施该权利。

《专利法》第六十四条规定:发明或者实用新型专利权的保护范围以其权利要求的内容为准,说明书及附图可以用于解释权利要求的内容。外观设计专利权的保护范围以表示在图片或照片中的该产品的外观设计为准，简要说明可以用于解释图片或照片所表示的该产品的外观设计。

《专利法》第七十一条规定：侵犯专利权的赔偿数额按照权利人因被侵权所受到的实际损失或者侵权人因侵权所获得的利益确定；权利人的损失或者侵权人获得的利益难以确定的，参照该专利许可使用费的倍数合理确定。对故意侵犯专利权，情节严重的，可以在按照上述方法确定数额的一倍以上五倍以下确定赔偿数额。

（二）申请专利的方法与条件

自己直接申办专利。自己申办专利，须学会撰写和填写专利申请书、权利要求书、说明书、说明书摘要、说明书附图、摘要附图等。

委托申办。委托专利代理机构即专利所或专利公司代办申请专利，需要向专利代理机构提交申办专利条件的相关资料，并缴纳一定的代理申办费用。

《专利法》第五条规定：对违反法律、社会公德或妨害公共利益的发明创造，不授予专利权。

《专利法》第六条规定：执行本单位的任务或主要是利用本单位的物质技术条件所完成的发明创造为职务发明创造。职务发明创造申请专利的权利属于该单位，申请被批准后，该单位为专利权人。非职务发明创造，申请专利的权利属于发明人或设计人；申请被批准后，该发明人或设计人为专利权人。

《专利法》第二十二条规定：授予专利权的发明和实用新型，应当具备新颖性、创造性和实用性。

四、创新实验

创新的前提是从实际出发，正确把握客观事物的本质和规律。创新实验要坚持“兴趣驱动、自主实验、重在过程”的理念，在创新实验中，学生可接触到相关领域的最新研究动态，拓宽知识面，提高学习积极性。创新实验的创新性一般指实验内容与实验方法具有一定的创新内涵，是培养大学生创新思维与创新能力的创新性实验。创新实验要有吸引性，能吸引学生愿意参与。创新实验要求学生通过创新小组的分工协作、密切配合、动手动脑相结合来完成。创新实验的完成可使大学生收获成就感，可激发大学生参与创新实验的积极性与钻研性。

创新实验过程的每一个环节都需要学生动手操作，有的实验部分还需要反复操作，这样才能培养大学生的动手操作能力。创新实验要有一定的创新性，有创新性的实验方案，需要学生动脑思考，且需要学生动手操作，经过创新实验的操作训练，大学生的创新思维能得到较大的提高。实验通常是分步骤进行的，小组成员分工完成自己负责的部分。学生通过自主设计方案，自主完成所有试验步骤，制作出自主创新的产品，得出自主设计的试验结果，从而增强自主创新能力。

大学生的创新性试验主要培养学生敢想、敢做、会做、会说、会写的综合能力，重在营造相对宽松的科学研究环节，凸显实践在人生定位中的重要性。

第七节　创新方法

我国古代军事著作《孙子兵法》，是集军事方法之大成的杰出成果，总结集成了打仗的谋略、技巧和套路，是军事思想的一次升华和创新。科技进步与科学大发现同样蕴含着丰富的谋略与方法，即“创新方法”。

一、创新方法的概述

创新方法是根据创造性思维的发展规律和成功的创新与创造的各种实例总结的一些原理、方法及技巧。例如，把创造和创新活动比喻成宽阔的河，方法就是过河所需要的桥或船。

我国著名教育学家蔡元培先生，百年前面对中国极其落后的科学状况时曾说：“中国没有科学的原因在于没有用科学的方法。”英国著名哲学家卡尔·皮尔逊说：“科学方法是通向绝对知识或真理的唯一道路。”法国科学家贝尔纳认为：“良好的学习方法能使我们更好地发挥运用天赋的才能，而拙劣的方法则可能阻碍才能的发挥。”

科学创新方法的发展经过了三个阶段。

第一阶段：尝试法。尝试法是早期人们从事发明创造活动所采用的方法，这种方法效率很低，需要经过很多次的尝试，才有可能成功一次，甚至自始至终都不能成功。“神农尝百草，日中七十毒”就是应用了尝试法。

第二阶段：试错法。试错法是一种纯粹的经验学习方法。人主体行为的成败，是使用趋近目标的程度或是达到中间目标过程的一种评价。偏离目标、趋近目标的信息都反馈给主体，主体会采取尽量能成功、避免失败的行为方式。试错、纠正，继续朝着目标行动，通过不断的试错、评价，主体便能逐步达到要追求的既定目标。

第三阶段：头脑风暴法。头脑风暴法是通过学科交叉，发散思维、集思广益地解决创新问题的一种方法。随着全球化的发展，科技日新月异，出现的问题也越来越复杂。创新时代已经来临，基本标志是从试验性质的科学向工程性质的科学进行转变，而工程性质的科学是多学科的交叉融合，是各种学科方法的集大成，仅仅依靠单一的尝试法和试错法根本解决不了问题。

常用的创新方法主要有以下几种。

（一）试错法

试错法是通过不断试验和消除误差，探索具有黑箱性质系统的方法。试错法是纯粹经验的学习方法。这种方法在动物的行为中是不自觉应用的，在人的行为中则是自觉的。应用试错法的主体通过间断或连续地改变黑箱系统的参量，试验黑箱所作出的应答，以寻求达到目标的途径。主体行为的成败是由趋近目标的程度或达到目标的过程评价的。趋近目标的信息反馈给主体，主体就会继续采取成功的行为方式；偏离目标的信息反馈给主体，主体就会避免采取失败的行为方式。通过这种不断地尝试和评价，主体就能逐渐达到所要追求的目标。

（二）头脑风暴法

头脑风暴法是在世界范围内使用最广泛、最普遍的一种创新方法，可以应用于各个领域，并可作为其他创新方法的基础。

头脑风暴法由美国创造学家亚历克斯·奥斯本于1939年首次提出。奥斯本认为人类长期以来在解决问题的过程中总希望走捷径，遇到问题时习惯本能地依据以前的经验形成的定式进行过早的判断，判断的结果总是指向与原先行为相同的思路和方式，对解决问题反而没有多大帮助。这样人们就无法突破定式，无法创造性地解决问题。而头脑风暴法作为一种激发创造性思维的方法，可以解决思考问题的思维定式。头脑风暴法也叫智力激励法、BS法、畅谈法、集思法等。

头脑风暴法是一种群体决策、集思广益的方法。采用头脑风暴法组织群体决策时，要集中参与人员召开专题会议，主持人要以明确的方式向所有参与者阐明问题，说明会议的规则，尽力创造融洽、轻松的会议气氛。主持人一般不发表意见，而是鼓励和引导参与者自由提出尽可能多的方案，任何人都不能对方案的好坏做出评价。与传统的会议讨论相比，头脑风暴法克服了多数人的意见或一致意见的压力，避免了老板或领导权威的影响、参加人随意的评判、部分参会者沉默或不够积极、得出的方案不够多等缺点，有利于最后从众多方案中评比、筛选出满意的方案。

（三）六顶思考帽法

六顶思考帽法是英国学者爱德华·德博诺博士开发的一种思维训练模

式，或者说是一个全面思考问题的模型。此种方法提供了“平行思维”的工具，避免将时间浪费在争执上，强调能够“成为什么”，而非“本身是什么”，是寻求一条向前发展的路，而不是争论谁对谁错。运用德博诺的六顶思考帽法，将会使混乱的思考变得更清晰，使团体中无意义的争论变成集思广益的创造，使每个人变得富有创造性。

（四）列举型创新方法

列举型创新方法（简称列举法），是一种对具体的特定现象（如特点、优点等）从逻辑上进行分析并将其本质内容一一罗列出来，用以创造设想，找到发明创新主体的创新方法，它是一种运用发散性思维来克服思维定式的创新方法。

列举法帮助人们克服感知不敏锐的障碍，把思维从麻木、僵化的状态下解放出来。通过列举，人们带着一种新奇感将事物的细节说出来，全面思考说明一个熟悉事物的各种缺陷，改进老产品，开发新产品，尽量达到预期目的。

列举法是一种较为直接的创新方法，简单实用，特别适用于新产品开发、旧产品改造的创新性过程。列举法的要点是将研究对象的属性、优缺点等罗列出来，根据要达到的目标提出改进措施，形成有针对性的创新设想。按照所列举对象的不同，列举法可分为属性列举法、缺点列举法、希望点列举法、成对列举法和综合列举法。

（五）类比型创新方法

类比型创新方法是利用类比方式从事技术发明创造和管理创造活动所使用的方法，是在两个特定的事物间进行的。类比型创新方法是根据相同类型的两种事物，通过联想思维，把不同类型事物间的相似点联系起来，把已知的点与未知的点联系起来，把陌生的对象与熟悉的对象联系起来，异中求同，同中求异，从而产生出崭新设想的一类方法的统称。

古往今来，人类利用类比型创新方法发明创造了无数的生活用品、生产工具、科学仪器等。在自然科学领域，荷兰物理学家惠更斯将光和声进行类比，从而提出了光的波动学。德国物理学家欧姆把关于电的研究和法国科学家傅立叶关于热的研究加以类比，建立了欧姆定律。美国数学家维纳等通过类比把人的行为、目的等引入机器，又把通信工程的信息和自动控制工程的反馈概念引进活的有机体，从而创立了控制论。

类比型创新方法较为常见的有原型启发法、移植法和仿生法等。下面介绍一下仿生法。

仿生法是指通过模拟生物的结构、功能或原理等进行发明创造的方法。

每种生物都有其他生物所不具备的特点和奇妙的功能，如蝙蝠能发出和听到超声波；螳螂可以在 0.05 秒内计算出飞掠眼前的小昆虫的速度、方向和距离；狗的鼻子能嗅出 200 万种不同物质和浓度的气味。这些功能是人类根本不具备的，而人脑的思维、创造功能又是其他生物不具备的。人工自然技术的历史短暂，人们在许多技术上所遇到的困难或问题，生物界早在进化过程中就妥善解决了。生物的这些独特功能和特点，配上人类的创造功能和技术手段，使得人们借鉴生物来解决大量的技术难题或创造出更新的技术成为可能。

【案例】

飞行服的发明就来源于仿生法。长颈鹿的脖子很长，大脑与心脏的距离大约是 3 米，要使血液能输送到头上，血压相对要高，大约是人体的 2 倍。但当长颈鹿低头喝水时，血液却没有一股脑地涌向头部，原来是裹在长颈鹿身体表面的一层厚皮起了作用。长颈鹿低头时，厚皮紧紧地箍住了血管，限制了血压，使其不会因血压突然升高而发生意外。科学家依照长颈鹿厚皮的原理设计出抗荷飞行服，在一定程度上起到限制飞行员血压的作用；当飞行加速时，抗荷飞行服还能压缩空气，也能对血管产生一定的压力。就此而言，抗荷飞行服比长颈鹿的厚皮更高明了一步。

（六）设问型创新方法

创造、创新与发明的关键是能够发现问题、提出问题并解决问题。设问型创新方法就是对任何事物多问几个为什么。爱因斯坦曾说过："提出一个问题往往比解决一个问题更重要……而提出新的问题、新的可能性，从新的角度去看旧的问题，都需要有创造性的想象力。"我国著名教育家陶行知先生也曾说过："发明千千万，起点是一问……智者问的巧，愚者问的笨。"对一个问题刨根问底，有可能发现新的知识和疑问。要发明创造，必须先要学会设问，多问一个为什么。问题是创造的起点和源泉，是激发思想火花的导火线。

设问型创新方法是现代生活中经常使用的一种推陈出新的方法。这种创新方法要求人们根据现有事物情况以书面或口头形式提出各种问题，通过提问，发现现有事物存在的问题和不足，从而找到要改进和创新的方面，发明出新的事物来。具体来讲，就是有顺序地提出一些具体化的问题，把问题细节化，缩小需要探索和创新的范围来启发灵感，以提问的形式来引导、启发创新思路，产生创新方案。设问型创新方法的典型方法有奥斯本检核表法、5W2H 法、和田十二法、系统提问法等，在此不一一赘述。

思考题

1. 创新成功的核心因素是什么?
2. 创新具有哪些特点?
3. 创新思维有哪些特征?
4. 创新能力包括哪些内容?

第二章　创业概述

第一节　创业认知

“挑战杯”“互联网＋”等大学生创新创业大赛依托于国家创新发展战略，是大学生培养和施展创新能力的重要平台。2015 年 10 月 19 日，首届中国“互联网＋”大学生创新创业大赛在吉林长春开幕，国务院总理李克强发表重要讲话，讲话指出：大学生是实施创新驱动发展战略和推进大众创业、万众创新的主力军，既要认真扎实学习，掌握更多知识，也要投身创新创业，提高实践能力。教育部门和广大教育工作者要认真贯彻国家决策部署，积极开展教学改革探索，把创新创业教育融入人才培养，切实增强学生的创业意识、创新精神和创造能力，厚植大众创业、万众创新土壤，为建设创新型国家提供源源不断的人才智力支撑。

2021 年 10 月 19 日，李克强在北京人民大会堂出席 2021 年全国大众创业万众创新活动周，线上巡视了有关团队的创新成果，勉励大学生敢想敢创新。李克强还指出，近年来，面对极为复杂严峻的国内外形势，在以习近平同志为核心的党中央坚强领导下，全国上下砥砺攻坚，经济发展成就显著。更多人以双创出彩、靠奋斗创造财富。创业走向大众、创新来自万众，汇聚成推动经济发展的澎湃力量。

一、创业的含义

在《孟子・梁惠王下》中有“君子创业垂统，为可继也。若夫成功，则天也。”这是最早出现的“创业”一词，原意即“开创基业”。

综合看来，我们把创业定义为：承担风险的创业者，以独特的眼光捕捉机会，通过寻找和把握创业机会、整合相关资源、创建新企业或新组织、提供产品或服务，为个人和社会创造价值及财富。创业具有创新性、拓展性和增值性，创业团队在发现和捕捉机会的过程中，要承担一定的类型各异的风险，需要创业者具备胆识和吃苦耐劳的能力。从创业到企业成形和成熟，创业团队不仅可为人们和社会提供新颖、便利的产品和服务，而且可以收获一定的财富和实现自身的社会价值。

目前，创业的内涵有开创新的业务，创建新的组织，借助创新实现资源的重新组合，通过对潜在的机会发掘而创造价值。人在创业的过程中必须要投入时间和付出努力，承担相应的风险，才能得到经济上的回报，从而实现个人的独立自主与价值满足。

二、创业的基本要素

创业过程少不了创业者、创业机会、创业组织、创业资源和创业精神等因素的相互配合，它们组成了创业活动中最基础的元素。

（一）创业者

创业者是创业团队中的重要人物，发挥着核心的作用。创新意识的落实、目标的制定都是由创业者提出和完成的，创业者在团队合作中起到推动的作用。与此同时，创业也对创业者提出了较高的要求，包括创业者的心理素质、能力水平、道德品质和时间管理能力等。

（二）创业机会

机会往往隐藏于消费者的隐形需要中，这些机会都可以在创业过程中被利用。这就要求创业者识别、发现商业机会，并通过优化资源更好地满足消费群体的需求，提供更优的服务。创业者要发现良好的机会，发现具有价值的机会，并且采取积极的行动，把握住机会，将利用价值转化为现实价值，实现其社会意义。

（三）创业组织

创业组织是协调创业活动的系统，是创业实践的载体，也是资源整合的平台。创业者要努力构建系统的创业型组织，形成以创业者为核心的组织架构和与其相关的关系网络。在社会关系网络中，不仅要包括企业或组织内的人员，还要包括企业或组织之外的相关人员；既要有顾客供应商、经销商、投资者、合作伙伴等，也要考虑到政府官员、社区工作人员等。

（四）创业资源

创业资源是指创业过程中的人、财、物、技术和信息等的投入，包括机械设备、办公区域等有形的资产，也包括技术、专利、人才等无形的资产。其中，技术、人力和资金最为关键。

（五）创业精神

创业者的思想、观念、品格等借助创新思维将创业精神表现在创业的成果之上，满足社会的需求，产生一定的社会价值。创造的价值是一个成功的创业者对社会的贡献，将其个人价值放大延伸至社会价值。创业的每个阶段需要创业精神的支撑，没有它，创业者将会缺少动力，创业也将面临失败的危险。

大学生创业精神的教育，是指培养大学生从主观创新能力向现实创业能力转化，有着明确的方向和目标。在教育教学活动中充分发挥大学生的主观创新能力的作用，培养他们自觉能动地进行新的创意活动，把他们的主观创新能力变成现实创业能力。从这种意义上说，创业精神不仅在思维王国中提升大学生的自主创业能力，而且能推动自主创业能力向实践创新能力转化。

三、大学生创业

随着大学毕业生人数的逐年增加，就业压力增大，越来越多的大学生为求有更好的发展空间，选择了创业这条路。创业是求职的一种选择，也是大学生施展自己的一个舞台。

由于受到家庭和学校的保护，多数大学生的社会经验相对缺乏，社会经历较少。然而创业过程中风险众多，只有提前做好准备才能经得起风浪的考验，提高创业成功率。大学生应通过课堂知识的学习，打牢专业知识基础，构建自己的科学认识体系，在平时课余时间通过辅修、网络学习等补齐自己创业知识的短板。

大学生创业要重视实践，提升动手与参与能力。创业实践是大学生学习创业的最佳途径，但是对于大学生而言，由于经历、能力和资本都存在不足，直接进行创业很困难。大学生可以通过创业实践增长经验，锻炼创业能力，积累一定资金，为毕业后的创业做好物质和精神准备。此外，大学生可以积极参加各类创业大赛或兼职打工等活动，通过切实的经历或社会实践等不断积累创业实践经验。

大学生创业要有经受挫折的勇气。创业的成功率很低，既然选择了创业这条路，就要持续坚持一段时间，就要有一种创业的激情。有屡败屡战的勇气，才能取得最终的成功。创业要有大局意识，创业是做大事，不能只顾眼前利益的得失。大学生由于经验和经历问题，大多只看到了眼前的得失，创业时应该清晰地认识到做得好与不好都是暂时的，眼光要看得长久一点，思考要远一点，不能为短暂的收益而沾沾自喜，也不能为短暂的失败而丧失斗志，要保持一种愈挫愈勇的干劲，相信自己，勇往直前。

大学生创业要制订完整的创业计划。不打无准备之仗，方能立于不败之地，因此，创业要有一个完整的计划蓝图。在创业初期，大学生一定要有一个系统、完整的创业计划，甚至在必要时做一个认真、细致的市场调研，好好规划自己的创业道路，要把自己具体的创业想法落到详细的计划书上，而不是简单地想到什么就是什么。没有思路、没有计划，思想随心所欲，创业是不可能成功的。

第二节　创业素质

一、创业素质的内涵

创业是一项颇具挑战性的事业，如何才能创业成功，是人们一直不断探索的问题。我们需要从广泛的角度来阐释创业素质的内涵。素质是以先天生理特质为基础，在后天多种因素影响下，形成认识世界和改造世界等相关活动的基本品质。素质包含先天素质与后天素质两个方面，后天素质是在时间、环境、教育、学习、实践等因素的影响下不断变化、形成并发展起来的，具有变动性和延续性。相应地，素质是一个不断培养、形成的过程，具有持续性，一旦形成则会具有相对的稳定性。

创业素质是指在人的心理素质和社会文化素质基础上，在环境和教育的影响下形成和发展起来的，在社会实践活动中全面地、较稳定地表现出来并发挥作用的身心组织要素的结构及其技术水平。创业素质已成为大学生人才素质的重要组成部分，是达到创业目标不可缺少的主体因素。创业素质已成为大学生创业能力的一个特质。

二、大学生的创业素质

（一）知识储备素质

当今时代是一个知识化、信息化、科技化的时代，创业的成功需要以知识作为基础。创业知识既影响着创业者的创业方向、领域，也影响着创业项目的竞争力和发展性。大学生创业者需要掌握的知识众多，主要可以划分为行业知识和商业知识。

学习专业知识是大学生接受高等教育的重要目的，专业知识是大学生应具有的基本知识之一。大学生首先应掌握扎实的专业知识，这些知识是大学生未来创业的核心竞争力。尤其作为理工科学生，其在校所学知识在创业中的作用已得到普遍认可。专业知识是制定创业方向、选择创业项目、解决技术难题的基础。创业需要一定的行业知识，但专业知识并不完全等同于行业知识，行业知识还需要将专业知识从理论层面扩大到社会层面，了解相关专业的社会发展现状、发展趋势等。

商业知识是创业者应具有的一种基本知识。创业者有别于开发者或者单纯的管理者，不仅需要对相关行业知识有所了解，还要掌握必要的商务知识，如经营管理、市场营销、财务管理、礼仪规范和法律知识等商务领域的一些基本知识。商务知识的学习途径一是理论，二是实践；两者有机结合能让创业者少走弯路，让创业者从基础的理论中得到指导自己创业的方法和工具，使创业之路更顺畅。创业并不是一个人的单打独斗，也不是一个人的自我表现，一个人很难创业成功。创业是需要组建创业团队的，团队成员可以来源于不同的行业，成员间可以相辅相成，互相弥补不同知识领域的欠缺。

知识是不断变化的，社会是不断发展的。行业知识和商业知识的学习情况不是以学习成绩的好坏作为衡量标准的。大学生在形成稳固的理论知识的基础上，更需要做到因时而动、因势而变，形成自己独特的、灵活的知识结构。融合专业知识与商业知识为一体，将自身所学知识融会贯通，与实践应用相结合，才能达到创业的实用性。知识是创业的重要基础，但不会直接转化为创业的助力，只有将其转化为能力、动力，与实践相结合，才能发挥其应有之力。

（二）身体与心理素质

身体素质主要体现为身体健康、体力充沛、精力旺盛和思路敏捷。创业是一个长期的过程，过程中存在各种各样甚至是连续不断的困难，创业者需要处理大大小小的事情，每件事情都需要做决策，而每个决策都可能关系到创业的生死存亡。创业者要承担巨大的压力，没有足够的精力是很难出色、高效地完成工作的。正所谓“身体是革命的本钱”，如果身体不好，必然力不从心，难以承担重任。市场竞争是持久的，创业中最常见的不是简单的成功和失败，而是长时间的苦苦挣扎，因此从某种意义上而言，身体健康不仅仅是个人的优势，也是创业的一种资本。健康不仅仅是体格强健，没有生理疾病，能支撑长时间的高负荷工作，而且是心理上能够承担外界的压力，以良好的心态来面对工作和生活中的问题。

心理素质是指在先天因素和后天因素共同作用下发展起来的对创业活动具有调节作用的个性意识特征。创业者的个性特质是多种多样的，体现在同样是成功的创业者，但个体特质确实是各有不同。创业者都要有坚毅的心理素质，有能承受多种打压的心理承受能力，有即使失败多次也绝不气馁、灰心的勇气。只有具备百折不挠、顽强向上的心理素质,能经得起风吹雨打才能在创业之路上立于不败之地。

(三)技能素质

创业素质的核心在于技能素质。对大学生进行创业素质的培养,不仅仅是让大学生学习、认识、记忆与创业有关的知识,更重要的是教会他们将知识转化为能力。创业能力的提高是个体创业发展的本质体现。大学生创业要想获得成功,必须具备多项技能,在创业实践中这些技能主要包括创新能力、洞察能力、社交与团队管理能力和终身学习能力等。

1. 创新能力

创新能力是指在实践过程中运用科学理论,提出发明、创意、创造的能力。创新能力是大学生创业者首要培养的能力。虽然复制已有的商业模式也是创业的途径之一,但对于别人创业模式的复制,更多局限在低技术含量、低成本等小规模的创业活动中。要进行具有高竞争力的创业,就需要创业者能在创业的过程中找到不同的创业之路。大学生作为创业者要敢于打破常规,或有新思想、或有新产品、或有新模式、或有新管理方式,才能让自身的创业更有活力和竞争力。

2. 洞察能力

创业面对的是一个变化莫测、竞争激烈的市场。因此,创业者要有敏锐的洞察力,能获取关键信息并将相关信息有效地整合,发现市场的空白。机会总是稍纵即逝,如果没有敏锐的洞察力,就很难抓住机会。良好的洞察力能够让创业者注意到别人没有注意到的机遇,洞察秋毫,发现细节,做到及时应对,抓住机会甚至创造机会。

3. 社交与团队管理能力

与人打交道是创业中不可缺少的一环,也对创业成功有重要的作用。哈佛商学院的一项调查显示,69%的人认为他们的成功源自人际交往中的人际关系。良好的人脉基础将创业可能转化为创业信息、创业资金、创业经验等。随着时代的进步和观念的转变,单枪匹马、单打独斗的创业模式已经不适应时代发展、不符合时代特色。知识的广博性、能力的全面性,都要求创业者在创业过程中最好能够形成自己的创业团队,共同为创业目标而努力。即使能力再强的人,也可能有薄弱之处,集合众人的智慧才能相互取长补短,这就是团队的优势。通过社会交往,实现与他人的交流合作与良好沟通,才能获得更全面的信息。

创业是对自己的管理,是对创业团队的管理,也是对一个新产品或新业务的管理。无论哪一层面的管理,都需要创业者开展系统的管理工作。因此,创业者要具备管理能力,能够管理团队成员和项目进度,用管理的思维去运营团队和企业。创业者需要运用管理技巧,将创业团队凝聚在一起,带领团队成员铆足干劲,为实现创业的方向和目标不断前进。

4. 终身学习能力

大学生创业者虽然具备相对丰富的知识储备,但与整个创业过程中所要运用的知识相比,大学时期的知识储备还是有限的;同时信息的不断更新与科技的不断进步等都需要创业者的知识不断更新和积累。创业者必须持续学习,与时俱进,更新自身的知识体系。很多创业者没有接受或者没有接受完整的大学教育却依然能够成功甚至成为佼佼者,是因为他们具有很强的学习能力,而且能保持学习行为,用更多的时间专攻他们感兴趣的知识,深入挖掘知识信息,增强知识潜能,使自身成为某一领域的行家里手。因此,要想成为一个成功的创业者,就要做一个与时俱进的终身学习者和自我改造者。

三、大学生创业素质的培养

大学生创业素质的培养是以大学生的先天条件为基础的,在尊重他们的主体性和主动精神的基础上,通过对相关知识、能力的提高和个性特质的完善来提升大学生的基本素质。创业素质的提升不是一蹴而就的,而是一个漫长并且艰苦的过程,需要不断地增加知识储备,需要经受多次的磨炼并砥砺前行。但这一过程同时也充满了喜悦和成长,如果不把训练中的苦当作一种磨难,而是当作一种锻炼、一种创业尝试,就更容易体会到苦中的甜、苦中的乐。虽然个体的创业素质可分为知识素质、能力素质、身体素质和心理素质,但各种素质是相互紧密联系的,甚至是你中有我、我中有你的关系,是一种综合素质的体现。一种素质的训练和提高,也会有助于其他素质的提升,所以要从多个方面培养大学生的创业素质。

(一)建设健全创业实践体系

① 高校与校外企业联合搭建创业实训平台,可以给予学生创业指导,让学生熟悉创业流程和规律。大学生进入实训基地,主要通过参观的方式了解商业理念、企业运作等相关的整体概念,学习创业需要做些什么,掌握一定的创业方法和技巧。

② 创新创业教育是大学与社会互动的产物,学生创业者可以根据自己的兴趣、专长选择竞赛项目,参与创业竞赛。在竞赛中,学生在运用已有知识的同时也能发现知识、能力的不足,下一步能更加明确学习的方向和目标。在创

业比赛中，通过模拟创业，学生能提升创新和实践能力，培养创业的心理素质。参赛团队成员之间互相沟通、互相协作有益于整体意识和全局观念的提升，让创业成员更深刻地认识到创业的成功需要团队成员的通力合作，共同努力。学生更直接地感受、体验创业的各个环节、程序，能发现创业中出现的问题，并依靠自身和团队的协作解决问题。

③ 大学生通过借助和学校提供的政策、资金和场地等支持，创办有潜力的企业并在真实的情景中运作，在大学创业园等孵化基地中实现快速成长。目前高校建立大学生创业孵化基地正是从改善创业环境，降低创业风险，提高创业能力的角度出发的。在孵化基地中，指导教师、行业专家可以提供技术辅导、决策探讨，为创业计划出谋划策；学生团体建立共同协作和学习小组，以产生的经济效益与社会利益等指标作为衡量创业是否成功的标准。

（二）优化课程设置

2015 年年底，《教育部关于做好 2016 届全国普通高等学校毕业生就业创业工作的通知》明确提出，从 2016 年起所有高校都要设置创新创业教育课程，对全体学生开设创新创业教育必修课和选修课，纳入学分管理。

开展创新创业教育是高校深化改革的重要工作，有利于学生树立对创业的正确认识，形成正确的创业理念。创业教育专家布罗克豪斯认为："教一个人成为创业者，就如同教一个人成为艺术家一样。我们不能使他成为另一个梵·高，但是我们却可以教给他色彩、构图等成为艺术家必备的技能。同样，我们不能使他成为另一个大企业家，但是成为一个成功的创业者所必需的技能、创造力等却能通过创业教育而得到提升。"创建新企业仅是狭义角度的创业，从广泛意义而言，创业是一种敢于迎接挑战、承担风险的精神，是一种勇于在有限资源的约束下发现机会、创造价值的认识，是一种积极向上的人生态度。创业行为是具有普遍性的，普遍存在于各种组织活动中。创业教育在于激发学生的创业意愿，促进学生的创新思维，培养学生的创业思考意识，使学生能够并愿意在生活中寻找创造的机会，从看似普通的事情引发更多的思考。通过创业成功案例点燃学生的创业冲动，使学生敢于迈出创业的第一步。而对所有学生，即使是仅想就业的学生，创新创业教育既可以提高学生的就业能力，也可以提高其工作能力和工资收入。为具有创业兴趣和潜质的学生提供全面及综合性的创业课程，参照百森商学院的创业教育，把课程进行分层和分模块设置。课程分层是针对不同需求的学生和不同现状的学生，在不同年级开设不同的课程。最好能够让大学生在创业之初听听有经验的人在关键问题上的建议，通过典型案例让学生们也感受一些创业的酸甜苦辣。吸取前人经验将有助于大学生少走弯路，更快速地实现自我突破和自我成长。

（三）培养良好的身体素质

身体是革命的本钱，具有良好的身体素质才能有充沛的体力、敏捷的思路解决创业路上遇到的各种问题和困难。身体素质虽在一定程度上取决于先天的生理功能，但可以通过后天的运动和锻炼来提高。一些人甚至在锻炼中还能发现部分运动的潜能和运动的乐趣，很多的成功创业者都喜欢和重视运动。身体素质的培养往往是个体化的，但在培养中可以遵循以下主要原则。一是重视身体素质的培养，把提高自身的身体素质当作一件大事。创业拼的是身体、拼的是心理、拼的是耐力、拼的是人脉，毛泽东同志就将身体形象地比喻为“载知识之车”，如果身体很容易就垮了，那创业之路也将前功尽弃，因此，身体素质是其他创业素质的基础。二是养成健康的生活方式。创业者要有自律精神，零点研究咨询集团董事长袁岳曾经说；“如果你因为老师没有要求你做到天天出操就不这样做，那么创业也不是老师要求的。连天天坚持出操都做不到的人，要干每天都出摊的创业更是纸上谈兵。”创业需要持之以恒的坚持，这样需要克服不良嗜好，充分休息以保持旺盛的精神斗志，每天都雷打不动的“出摊”。三是合理安排工作节奏。年轻时依靠身体换金钱，有很多这样创业未捷身先死的案例，对于这些创业者而言，创业自然是不成功的。用健康换不来金钱，金钱更换不来健康。所以，创业者要合理安排工作节奏，为自己的身体健康保驾护航。

（四）学校与家庭的共同促进

家庭教育对学生人格特质、心理素质的形成有重要的影响作用，但因为大学生已离开家庭，在大学生的创业辅导中，家庭的这种作用可能容易被忽视。家庭对大学生创业的态度是支持还是反对，也是影响大学生创业的重要因素，因此，在创业教育中，咨询者和辅导者的老师不能忽视家庭因素对学生创业的影响。一方面，鼓励学生多和家长交流沟通，让家长看到学生的创业激情、创业梦想，鼓励学生将自己的创业想法和创业计划与家长分享、讨论，让家长认识到创业的可行性；另一方面，学校可以增加与家长的沟通联系，将学生受家庭影响的相关问题反映给家长，根据每个家庭的具体情况与家长进行沟通，让家长认识到学生的成长要遵从一定的教育规律，要因材施教，从而提高对学生创业辅导的效果。虽然家庭背景因素（如家长的职业、学历等）各不相同，但是通过与家长的沟通协调，改变家长对学生创业教育的某些认知，使家长认识到创业教育的必要性，最终有利于家庭的教育向良性的方向发展。根据教育发展规律，学校应针对不同家庭背景和家庭意愿的大学生进行分门别类的辅导和沟通，创业教育需要学校和家庭的共同促进。

第三节 创业精神

习近平总书记指出："创业是推动经济社会发展、改善民生的重要途径。青年学生富有想象力和创造力，是创新创业的有生力量""广大青年一定要勇于创新创造""要勇于创业、敢闯敢干，努力在改革开放中闯新路、创新业，不断开辟事业发展新天地"。从长远的战略规划角度而言，传播创业文化，分享创业经验，弘扬创业精神，有利于激励更多青年特别是青年学生开启创业理想、开展创业活动，为实现中华民族伟大复兴的中国梦贡献力量。

目前，我国高等教育规模位居世界第一。近十年以来，大学生创业教育发挥了积极作用，大学生创业的比例虽呈现出上升趋势，但就整体比例尤其是成功率而言还是比较低的。美国大学生创业率高达 20%，这也正是美国保持创新活力的重要来源之一。

创业精神是以创新精神为指导，把创新观念转化为创新实践蓝图的思维操作意识。也就是说，创业精神是创新主体在创新精神指引下，把创新观念化为创业形象蓝图，再把创业形象蓝图化为创新实践蓝图的精神力量。创业精神是创新精神向创新实践蓝图转化的中介，即实现创新精神—创业精神—创新实践的路径。

一、创业精神的特点

(一) 创造性

创业精神与创新精神之间是相互区别而又相互联系的。二者的区别在于，创新精神是创新的灵魂和指南；创业精神具有创造功能，在思维王国中创造性地将新思想和新方法形成创业形象蓝图。创新精神指导创业精神，创业精神与创新精神二者相互联系，都是创新的理论意识形态，是创新的观念形态的精神因素，是创新的精神力量，并统一于创新过程之中。

(二) 自觉能动性

创业精神最本质的特点在于它创造性地发挥了自觉能动性。发挥创业精神的自觉能动性，创造出观念蓝图，把观念蓝图转化为形象蓝图，再把形象蓝图转化为创新实践蓝图，从而实现创业精神自觉能动的目的性、计划性、调控性和创造功能。

创业精神的启迪在于：

第一,创业精神自觉能动性的功能形成观念蓝图、创业形象蓝图和创新实践蓝图,从而构成创业精神的内涵。

第二,观念蓝图是创业精神在思想中形成的蓝图,创业形象蓝图和实践蓝图是创业精神把创新观念外化在客观世界中的操作性蓝图。

第三,观念蓝图、创业形象蓝图和创新实践蓝图是创业精神的自觉能动性所表现的创新成果。马克思指出:"劳动过程结束时得到的结果,在这个过程开始时就已经在劳动者的想象中存在着,即已经观念地存在着。"这一论述,深刻地阐明了创业精神与观念蓝图、创业形象蓝图和创新实践蓝图之间的本质关系,深刻地阐明了创业精神自觉能动的创新功能在于:有目的地形成观念蓝图、创业形象蓝图和创新实践蓝图,并创造性地推动着观念蓝图向形象蓝图和创新实践蓝图转化和发展。正如毛泽东所说:"思想等等是主观的东西,做或行动是主观见之于客观的东西,都是人类特殊的能动性。这种能动性,我们名之曰'自觉的能动性',是人之所以区别于物的特点。"创业精神形成的观念蓝图、形象蓝图和创新实践蓝图,是创业精神自觉能动性的本质表现。

(三)思维操作性

创业精神的操作性是指创新人才发挥创业精神,自觉能动地进行思维操作,把创新精神转化为一系列蓝图的有序化过程。创业精神自觉能动地进行有序化的思维操作过程:一是在思维王国中孕育出观念蓝图;二是按照观念蓝图设计出创业形象蓝图;三是优选形象蓝图,确立创新实践蓝图,在创新实践中执行创新实践蓝图,实现创新的目标,完成创新的任务,创造出有积极社会意义的创新成果,推动社会文明的发展。

二、创业精神的发展

《中国式创业:中国著名 CEO 的生存哲学与经营智慧》通过分析 41 名 CEO 的创业故事和经营之道,传达出这样的理念:虽然每个创业者所处的时代和创业领域不同,但都是创业精神促使他们走上创业之路,创业精神是创业成功不可缺少的因素。

企业家精神促使企业家不断创新,企业家帮助自己的企业突破现有的平衡,摆脱旧的组合方式,形成新的组合方式。实现创新自然成为企业家的职能,现代创新理论的提出者约瑟夫·熊彼特认为创新精神不能直接等同于创业精神,只有在实践中发挥并履行了自己的这种职能,才能成为企业家,才具有了创业精神。美国当代管理学之父彼得·德鲁克则在《创新与企业家精神》一书中推进了这一理念:虽然通常企业家们本身不带来变革,但企业家在寻求变革，对变革做出反应并将变革视为机会，这就是创业精神。以往对创业精神的研究始终伴随着对企业家个体研究的深化，尤其是在早期对创业精神和创业者都没有明确定义时，有许多学者采用人格特质的共性如承担风险、决断性、成就动机等来定义创业精神。

20 世纪 80 年代初，信息技术的普遍应用促使新的商业模式不断涌现，机会和创造成为商业活动的核心内涵。哈佛大学教授霍华德·史蒂文森把创业精神定义为追求超越现有资源控制以外的机遇，其核心是追寻、机遇、资源。“追寻”是一种绝对专注的态度。创业者能觉察转瞬即逝的机遇，在有限时间内展现实力、吸引外部资源。“机遇”则通常与创业者的创新行为有关，如创新产品、创新商业模式等，因此，无创新的机遇不包含在创业精神之列。“资源”是指突破现状，哈佛大学的创业精神就体现为一种突破资源限制，通过创新来创造机会、创造资源的行为，而不是简单地体现在创建新企业上。史蒂文森教授把创业精神理解为一种独特的整体管理观念，而非将其限定于企业发展的某个特定阶段（如初创企业）、某种个人角色（如创始人）或某类精神气质（如激进、独立）。据此，我们对创业精神的认识进入一个新的境界。创业精神不仅仅是个体层面的现象，也可以是企业层面的现象。

创业精神可以是一种品质，也可以是一种管理，创业精神是蕴含在创业技能里面的一种积淀，是创业者自然而然形成的一种特性。

三、创业精神的构成

（一）创新精神

人类从原始社会发展至今，和其对生产工具的不断改革创新有关。蒸汽机的发明导致了社会模式的变革，电脑、手机和网络的发明更是改变了人类的生活方式。创新是一个民族进步的灵魂，是一个国家兴旺发达的不竭动力，也是中华民族最深沉的民族禀赋。创新是推动和引领发展的第一动力。

前人的智慧和经验是后人成功的基石，可以让后来者少走很多弯路。对于创业者而言，善于模仿可以在一定程度上帮助创业者缩短走向成功的距离。即使是在创业活力很高的美国，100 家公司里也没有多少公司是完全创新的，大部分都是模仿拷贝的。但模仿创业产生的效力和竞争力是有效的，很难成就真正的大事业，就像市场上同一种商品越来越多，最后会出现供大于求的情况，产品自然就会贬值。如果能够在模仿中加入自己的想法，加入创新元素，往往能够让自己脱颖而出。

创业精神的核心是创新精神。创新不仅仅是创建新公司、制造新产品等等，而是体现在学习、工作和生活的方方面面。思维活跃的大学生要有敢于打破常规的思维，在平常中发现不平常，时刻保持一种创新意识，思维灵活，善于发现创新点，积淀创新思维灵感。有一家专门生产掩盖药品味道的调味剂公司，最初的创意来源于公司创始人克拉姆喂孩子吃药的经历，为了让女儿能够顺利服药，他调兑出了不冲淡药量、不影响药效的无害添加剂。他想世界上并非只有他一个人因为喂药发愁，所以，他在 1995 年创办了公司，开始研制改进其他液体、丸状、粉状处方药的调味剂配方。小米和华为的成功也是源于他们对技术的不断创新，阿里巴巴通过营销创新造就了“双十一”购物节。创新不一定非是技术上的，也不一定是实物的，而是具有更广阔的范围。

创新精神是创业精神的核心，但并不是全部内容，一个创业者如果只有创新精神而不具备其他条件，也是无法成功的。因此，创业者既要有创新精神，也要具有其他精神和品质。

（二）进取精神

进取精神是不满足于现状，坚持不懈地追求新的目标、蓬勃向上的心理状态。创业的原因有很多，有为了某个新产品而创业，有为了某个创意而创业，等等。如果仅仅为了创业而创业，终究是很难成功的；为了金钱而创业，就会畏首畏尾，顾虑太多，因害怕损失金钱而止步。成功的创业者通常拥有更高的价值追求。现在有越来越多的大学生创业者为了实现自我价值，以进取精神和强烈的好胜心，不甘落后，勇于向未知领域挑战。创业是一个从无到有、从小到大、不断前进的过程。创业者要勇于知难而进，在面对各种各样的困难和挫折时，敢闯敢干，敢想敢做，不患得患失。创业者要敢于破旧立新、及时学习，紧跟时代潮流，不断更新自己的知识，提高个人的学习能力，塑造自己的进取精神。古人云：“君子之学必日新，日新者，日进也，不日新者必日退，未有不进而不退者。”创业是和他人竞争的过程，创业者需要时刻突破自我，不断寻找下个突破点，更重要的是能够不断战胜自我，不被自己束缚。张瑞敏说：“海尔的理念是只有创业没有守业，不断打破昨天的思维定式，去争取更大的成功”。也正是这样，才让海尔实现一次次的突破，使其不管是在中国的家电领域还是在海外市场上都占有巨大的市场份额，实现了企业的不断壮大、快速发展。结合古往今来的案例，我们不难发现，进取精神是所有创业成功者的必备素质，在进取精神的指引下持之以恒地不懈奋斗，是不断走向成功的最有力武器。

（三）冒险精神

比尔·盖茨将冒险看作成功的第一要素。入选胡润百富榜的中国企业家的“十大财富品质”中，冒险也是位居前列。冒险意味着承担风险、不惧危险，之所以需要冒险是因为事件本身充满了不确定性，同时也存在着无数的可能性。创业正是一件充满未知和变数的事情，即使在创业前创业者做了周密的计划和准备，也无法保证制订的计划是万全之策，不确定的事件随时都有可能出现。创业本身的特点就决定创业永远有着不确定性，正是这种不确定性才为创业者提供了机遇。

这个世界上最不可能成功的就是永远都不敢尝试、不敢做的人。他们回避困难，自然也失去了成功的机会。只有敢于尝试、敢于冒险，一个人才有可能在种种挑战下创造成功。在今天开放的全球化浪潮中，随机性和偶然性更大，在如此不确定的环境中，冒险是一个人创业成功的前提，也是一个人创业能够成功的重要精神。如果没有詹姆斯·卡梅隆在拍摄《泰坦尼克号》时压上自己的一切财富，也就不会有这部票房收入达18亿美元的电影；如果没有他对3D电影的尝试，动员全球的电影院线更新设备，就不会有《阿凡达》，也不会有新的电影世界的到来。成功的创业者都是冒险家，都是敢于迎难而上、敢于从危机中挖掘机会的人。当然，冒险也不能盲目蛮干，无知乱干，也不能什么事情都去尝试，冒险要科学估算成功的可能性。在讲究科学规律、降低风险概率的前提下做一些尝试，才能有更大的成功概率。

（四）团队精神

无论是就业还是创业，个人和社会的发展都需要个体具有团队精神。在社会发展中，个人的能力是有限的，正所谓一根筷子容易折断，一把筷子折不断。团队有效的通力合作产生的是1+1大于2的效果。团队合作时，要有正确的个体认识，认识团队成员中个人的作用和价值，团队领导者不仅要增强自我的力量，也要激发他人的潜力，使团队每个成员的能量都发挥出来，形成团结向上的合力，才能促使创业不断走向成功。马云在回答网友提问时说过："没有人能够伟大到独自建立一个像阿里巴巴这样的企业，是团队和制度使公司能够不断发展，而不是个人……就像我一直说的，我不是公司的英雄。如果我看起来像，那是因为我们的团队造就了我，不是我造就了团队。阿里巴巴最宝贵的财富是我们的员工，他们是我们的一切。"

大学生创业者要认知、认同团队精神的重要性。团队精神能将不同的个体凝聚成一股力量，使所有个体为了共同的目标而前进。要妥善地塑造团队文化，协调团队成员中的优秀分子，团队中的优秀个体对于其他成员而言是一种激励力量，而不是嫉妒的对象。因此，要创业的大学生在对自身能力认同的基础上，也需要学会欣赏别人的优点，找寻别人的优势，取长补短，优势互补，愿意与人合伙，积极需求合作伙伴。在团队中尊重和接纳团队成员的感受和建议很重要，团队成员性格各异、各有特点，在团队中对自身行为的控制和约束也必不可少，相互包容、管控分歧，团队依靠成员间的相互协调和相互激励来实现个体与团队的共同成长。因此，团队精神是创业者成功创业必不可少的条件之一。

四、大学生创业精神的培养

2015 年 5 月，国务院办公厅印发的《关于深化高等学校创新创业教育改革的实施意见》中反思以往高校创业教育存在的问题，制订新一轮教学改革的目标，激发更多的大学生积极投身创业实践。创新创业教育不仅仅在于知识的学习，更重要的是在于创业能力和创业精神的培养。培养创新创业人才是民族复兴的必要条件。

2014 年李克强在夏季达沃斯论坛上承诺："破除一切束缚发展的体制机制障碍，让每个有创业愿望的人都拥有自主创业的空间，让创新创造的血液在全社会自由流动，让自我发展的精神在群众中蔚然成风。"创业者是中国经济升级换代的力量，创业者的成功不仅是为个人创造财富，也为社会和国家创造财富，增加就业的机会。中国年轻人已经迎来了创业的好时代，国家鼓励创业，配套许多创业的政策，大学生不应该仅是这个时代的旁观者，更应该是见证者和参与者。对高校来说，深化创新创业教育改革，需要进一步完善和优化教学体系，刷新创新创业教育理念，顺应时代发展的需求。大学生应该勇敢地迈入新一轮的创业大潮历练自己，砥砺前行。

（一）营造创业氛围

2014 年"大众创业、万众创新"理念的提出在社会上引起了巨大的反响，社会的创新创业氛围浓厚，有志青年借助国家的政策和平台，纷纷加入创业之路。大学校园也需要营造良好的校园创业文化，通过创业训练、创业比赛、创业实践、创业网络平台等，培养学生的创造性思维与创新精神，激发学生的好奇心，鼓励学生敢于怀疑、敢于尝试、敢于冒险。

创业精神作为一种心理现象，深受创业文化的影响。社会文化对创业行为的认同程度和普遍倾向会影响个体的创业精神乃至整个国民的创业精神。伴随着经济模式和人们观念的转变，社会对大学生创业的态度变得更有接纳性，社会也逐渐认可了大学生的创新创业。许多成功的大学生创业者涌现出来，激励着更多的创业者不断前行。

（二）正确看待创业

创业在很多人眼里是被迫无奈的就业选择，是一种谋生的手段。事实上，创业不仅是就业的一个渠道,更是对自身素养的检验,大学生可以通过创业的大舞台展现自己的才能,实现个人的价值。大学生的创业不仅仅是办公司,也可是岗位创业、制度创业、文化创业等。创业的核心在于创新,大学生既要有创新意识,又要不断锻炼自身的创新能力。创业是一种个体奋进的行为,是一个人为了实现自我价值而把某个新产品、新创意在市场上展现出来并实现其价值的过程,因此,要正确看待创业,创业也是一种事业。

(三) 明确创业目的

有关数据显示,成功创业者的收入的确高于非创业者,但是创业者不应该仅把目光关注于收入,更不应该把赚钱当作创业的唯一目的。创业成功的意义不仅在于创造了多少财富,更在于为社会做出了多少的贡献,在这个过程中实现自我价值,推动社会的发展。如在 2022 年上海新冠肺炎疫情暴发时期,为了解决老百姓物流的问题,京东调配数万名员工增援上海,承担了一个企业应有的社会责任。创业者为社会创造财富,拥有了远大的创业理想,创业信念会更加坚定,自信心会随之增强,这样的创业者也会走得更远。

思考题

1. 大学生创业者与一般创业者相比,有什么优势?有哪些劣势?

2. 大学生创业者应该具备哪些基本的素养和能力?

3. 创业者应该树立怎样的创业理想?

4. 创新能力与创业能力的内在逻辑关系是什么?

5. 请以您目前所就读的高校为例,谈谈当前大学生创新创业能力的培养现状以及目前存在的问题。

6. 大学为什么要开展创新教育?当代大学生应该具备什么样的创新能力?

第三章　矿业工程基础知识

第一节　矿业工程基本概念

矿业工程专业为学科综合度和交叉关联度很高的一门工程学科，包含采矿工程、矿物加工工程等专业。矿业工程学科既要按照矿井的地质、生产和经济特性来完善和发展传统的矿业工程科技，又要吸收和融汇现代科学技术的最新成就，使矿业工程科技不断提高和更新。

中国的矿产资源开采和利用已有几千年的历史，是世界上矿业起源最早的国家之一。明代宋应星在《天工开物》一书中具体记述了当时的采矿、选矿和安全技术情况。西方国家 18 世纪中叶第一次产业革命后进入工业社会，矿业工程学科成为随工业发展而较早出现的学科之一。新中国成立后我国的矿业工程学科也逐步发展起来，20 世纪 50 年代后，长壁采煤法、新的放矿方法已经获得了推广应用，并改善了矿工的安全生产条件。矿物加工工艺和理论的发展分为三个阶段，即：早期基于矿物物理特性的差异进行矿物的分选；基于矿物表面物理化学性质或微生物特性进行富集、分离的选矿工程及其他加工技术；应用科学新成就，发展节能、环保、高效益的新工艺处理低品位、难加工的矿产资源，回收二次资源以及矿物深加工。

矿业工程学科的发展趋势是：实现矿产资源的高产高效综合机械化开采，发展先进的岩体破碎和稳定理论及支护技术，保障矿业安全生产和矿工的健康并研究解决其他工业企业生产和作业的安全问题，发展矿产资源的高效无污染分选、深加工、综合利用及环境保护。目前我国固体矿产产值在世界固体矿产总产值中占 16.5%，位居世界第二，矿业为我国国民经济发展提供了 95%的能源、80%以上的工业原料和 70%以上的农业原料。矿产资源是指由地质成矿作用形成的，赋存于地下或露出于地表，呈固态、液态和气态的，具有开发利用价值的自然资源。矿业是以矿产资源为劳动对象的产业，是国民经济的基础产业。人类的生存和发展离不开原料和燃料，黑色金属、有色金属、化工原料、核工原料、建材原料及煤炭、石油、天然气、油页岩等矿物都需要借助矿业工程把它们从地壳中开采出来并进行加工利用。在历史上，金属矿床、非金属矿床和可燃矿物开采均称为广义的采矿，长期的采矿生产实践逐渐形成煤炭开采、金属矿开采、建材开采、石油和天然气开采等传统产业。煤炭、金属和非金属固体矿产开采在技术、方法、装备及遇到的问题上大体相近，均称为采矿。而石油和天然气开采完全不同于固体矿床开采，称为石油和天然气开采。本书中涉及的矿业工程主要包含采矿工程、矿物加工工程 2 个专业，而本章中涉及的主要是采矿工程方面的基础知识。

一、矿业工程的特点

矿业工程区别于其他学科的主要原因是由于其具有较强的实践性与学科综合性。实践性就是矿业工程非常强调解决实际工作中所遇到的问题，改造客观世界并力争取得成效，这一特点是所有工程技术的共性。矿业工程依据各门科学知识，强调认识客观世界，改造客观世界，直接接触客观实际。综合性指一个矿山在规划、建立、生产及其生产过程所面对的问题是多学科问题，因此，必须将多学科知识联系起来服务于矿山系统的建设，不能零星地、孤立地考虑所遇到的情况和问题。

矿山生产系统比一般工程技术专业的工作对象要复杂得多。人们利用矿业工程知识解决问题时要注意问题的复杂性，从而更加精准有效地建立或改进矿山生产系统。需要指出的是，工程技术都具有综合性，一切工程技术都避不开客观事物的复杂性，所以解决工程问题时必然要同时运用多个学科的科研成果。比如采矿工程这项专业工程技术，所要运用的有力学、流体力学、采矿学、材料科学、地质学、电气与机械等工程科学知识和物理学、化学等基础科学知识，还要用到经济、环境、管理等社会科学方面的知识。矿业工程的工作对象——矿山生产系统，内部构成成分比较复杂，包括各类人员、物料、设备、能源、资金、信息、时间、空间等，这众多成分之间又存在着必然而复杂的联系。矿山生产系统还需与周围环境中的众多因素进行复杂的联系，如它必须跟企业中的经营系统、思想政治工作系统、行政系统、生活福利系统等其他子系统发生联系，也必须跟企业之外的市场、生产协作单位、上级主管部门等发生联系。在运用矿业工程方法建立或改进矿山生产系统时，又需把采矿工程、电气工程、化学工程、劳动工资管理、成本管理等专业工程技术包容进来。

二、矿山规划

（一）规划内容

矿山规划的意义：对于需要建立的矿山新系统，规划是指明确建立系统的必要性、明确系统的目的、确定系统的目标、提出系统应具备的环境条件、估计系统所需的制约条件、制订系统开发计划等一系列活动的总称；对于已有的矿山系统，规划是指对该系统在未来一定时期内的工作进行安排的活动。

规划的种类和重点：在矿山企业生产系统和其他系统里，所需编制的规划（包括计划）很多，对它们可按不同标志加以分类，如：按时间长短分类，有长远规划、短期规划；按内容分类，有科技进步规划、生产发展规划、新产品开发规划、项目规划、资源规划、物资需求计划、设备更新改造与修理计划、劳动工资计划、职工培训计划、安全卫生与环境保护计划、推行全面质量管理计划等。

编制规划的原则：秉持全局观点，就是要正确处理本系统与环境之间的关系、本系统内部各构成要素之间的关系、需要与可能之间的关系、当前与长远之间的关系等，做到统筹规划、合理安排；遵守科学原则，就是编制规划计划时要按科学规律办事，采取一定的科学方法做出正确的决策，最后着手编制具体的规划和计划。

规划的构成：各种规划（包括计划）一般由七方面要素所构成，即奋斗目标、编制依据、工作内容、执行者、实施步骤、主要措施和前景预测。将上述构成要素用文字、符号、图表等表达形式有机地组合到一起，就形成了可供人们使用的规划和计划。

（二）矿井中长期发展规划

我国经济体制改革的目标是建立社会主义市场经济体制。在市场经济条件下，制订中长期发展规划应成为企业不可缺少的工作。实行社会主义市场经济与加强企业计划管理是两个不同层面的问题，在市场经济条件下，企业的计划管理工作必须以市场为导向，以效益为目标。市场经济条件下企业计划的重点，应从年度计划为主转移到重视中长期规划。为了满足快速变化的市场要求，企业必须全面地分析市场，不断地更新产品或投入新品种。新产品的设计、试制都需要一个较长的过程，企业必须加强计划工作的系统性、连续性，仅重视年度计划已不能满足市场要求。中长期规划对企业各项活动进行全面的战略部署，市场的远景预测、新产品开发的“储备设计”、技术发展、固定资产的投向、企业决策的技术经济分析、企业文化的造就、企业与外部环境的关系等都成为计划管理的重点。上述问题只有在中长期规划中才能反映它们的连续性、系统性,是年度计划难以替代的。

三、矿山设计

(一) 设计的意义

设计是指为实现某种或某些已定目标而建立具体系统的重要活动。为了实现预定的某种或某几种目标,必须建立起一定的系统,而系统是通过设计活动(包括分析、构思、计算、绘制等)才能形成的。优秀的设计能使预定的目标顺利实现、预定的功能得到满足,取得良好的技术和经济效果。设计先天不足,必然后患无穷,可见设计在建立系统上的重要作用。如果设计时考虑不周、缺陷很大,那么在组建这个系统时花再大的力气也难扭转被动的局面,系统在实际运行使用时仍会发生问题。

设计是使各种先进科技成果转化为生产力的有效方法。例如,人们很早以前通过蒸汽掀动壶盖的物理现象发现蒸汽是很好的动力源,但直到瓦特和其他一些科学家、设计师设计出巧妙的单向阀和直线回转运动机构后,才真正提高了原已出现的老式蒸汽机的热效率和工作的可靠性,使蒸汽机成为工业上可以采用的动力源。

设计是人类改造客观世界、创造美好未来的重要手段。因为设计是一种创造性的劳动,十分强调创新,也就是弃旧迎新,只有不断探求新的原理方案和结构,才能做到有所发明、有所前进。

(二) 矿山设计的种类和重点

矿山设计按适用范围分类,有厂矿总体布置、厂矿生产系统总体设计、生产车间总体布置等。

按设计对象分类,有设施设计、产品设计、产品生产制造系统设计、人-机系统设计、实验设计、可靠性设计等。产品设计又细分为产品功能设计、产品总体设计(主要考虑各零部件的总体位置、运动配合关系等)、产品结构设计(包括选择零部件和材料、设计结构、确定尺寸)、商品化设计(包括价值工程设计、产品外观造型设计、包装设计等)和施工设计(包括零件工作图设计、部件和整机装配图设计、编制使用说明书等技术文件)等。产品生产制造系统又细分为产品生产流程(或称工艺流程)设计、工序设计、生产设备和工艺装备设计等。

在工业工程中,设计的工作重点是各种系统的总体设计,以便把各种有关资料组成一个综合有效的运行系统。这是跟诸如机械设计等硬技术专业设计所不同的,因为后者侧重的是局部设计,如设计一个具体的零件、一个具体的环节等。

四、矿山评价

评价是指审查现有的各种系统及其组成部分所完成的工作是否符合已定目标或标准的活动。评价的目的是为高层管理者做出正确的决策提供依据，为有关的执行部门、人员改进工作提供科学的依据，也为设计人员从多个技术方案中选定最优方案提供依据。矿山评价即在矿山企业中实施的实现上述目标的评价活动。评价按不同的标志可分为不同的类别。

按评价的对象不同可分为：各种规划计划的评价，各种设计方案的评价，组织（单位、部门）业绩的评价，职工职务与业绩的评价等。

按评价的主体不同可分为：上级主管部门的评价，监督检查机构的评价，消费者（顾主、用户）的评价，管理者（厂长、经理）的评价，自我评价，同行业之间的互相评价等。

按评价的性质不同可分为：定性评价，定量评价。前者是指对一些非计量性的评价项目如审美性、舒适性、创造性等所进行的评价；后者是指对可以计量的评价项目如成本、技术性能（可用参数表示）等所进行的评价。

评价的标准多种多样。要评价现有的各种系统及其组成部分所完成的工作情况是好是坏，必须用统一的判断标准来衡量。常用的衡量标准有各种规划、计划、已定目标、技术标准、管理标准（如各种管理制度）以及上级的有关方针、政策、法令、法规、指示等。

五、矿业工程中的管理

在矿业工程中，进行矿业方面的工程建设、工程施工等需要管理方面的基本知识，所以，通常采矿工程、矿物加工工程专业都开设有管理方面的课程，目的就是为了使学生们一方面成为一名优秀的矿业工程师，另一方面也要成为优秀的管理者。

企业管理一般是对企业中的生产经营活动进行计划、组织、指挥、协调和控制等的总称。矿业工程是用于矿山企业管理的技术，能为企业管理提供决策的依据、方法和手段。矿业工程的基本职能就是矿山的规划、设计、评价和创新，矿山企业管理的基本职能则是计划、组织、指挥、协调和控制。矿业工程具有"工程技术"的性质，依靠科学知识和技能来使自己的基本职能得到贯彻实施，具有技术与管理相结合、以技术为主的特点。

第二节 煤矿开采

一、煤矿开采的基本概念

（一）煤田开发与井田划分

煤田是指含煤地层在同一地质时期形成并大致连续发育的含煤岩系分布区。煤田中的煤层数目、层间距和赋存特征各不相同。有的煤田只有一层或几层煤层，有的却有数十层煤层。我国多数煤矿开采的是多煤层煤田。煤层的结构、倾角、厚度及其变化对采煤方法和设备的选择影响甚大。

1. 矿区开发

统一规划和开发的煤田或其一部分称为矿区。根据国民经济的发展和行政区域的划分，利用地质构造、自然条件或煤田沉积的不连续，或按照勘探时期的先后，我国将煤田划归为矿区开发。

我国煤田与矿区的实际关系：有的是一个矿区开发一个煤田，如开滦、阳泉、肥城等矿区；有的是几个矿区开发一个煤田，如渭北煤田划归为铜川矿区、韩城矿区等；有的是将邻近的几个煤田划归为一个矿区，如淮北矿区开发闸河煤田和宿县煤田。

按开采方式不同，煤矿开采分地下开采和露天开采两种。我国煤矿以地下开采为主，地下开采的煤矿称为矿井。

一个矿区由多个矿井或露天矿组成，需要有计划、有步骤、合理地开发整个矿区。为配合矿井或露天矿的建设和生产，还要建设一系列的辅助企业、交通运输与民用事业，以及其他有关的企业和市政工程。

根据煤炭储量、赋存条件、市场需求、投资环境等因素，结合国家宏观规划布局和矿区产品运销等条件，确定矿区建设规模，划分矿井边界，确定矿井或露天矿设计生产能力、开拓方式、建设顺序，确定矿区附属企业的种类、生产规模及其建设过程等，总称为矿区开发。

矿区建设规模是指矿区均衡生产的规模，应与矿区的生产服务年限相适应。对于煤炭储量一定的矿区，当建设规模增大时，其服务年限将减少，反之服务年限将增多。既满足国家对煤炭的需求，又保证矿区有较长的服务年限，这种有较高的经济效益的生产规模才是较合适的。

2. 矿井设计生产能力

矿井是形成地下煤矿生产系统的井巷、硐室、装备、地面建筑物和构筑物的总称。

煤田或矿区的范围都很大，需要划分为若干部分，按一定顺序开采。划归一个矿井开采的那部分煤田称为井田，而划归为一个露天矿开采的那部分煤田常称为矿田。

确定每一个矿井的井田范围、设计生产能力和服务年限，是矿区总体设计中必须解决的关键问题之一。煤田划分井田应根据矿区总体设计任务书的要求，结合煤田的赋存情况、地质构造、地形地貌、开采技术条件等，保证每一个井田都有合理的尺寸和边界，使煤田的各部分都能得到合理开发。

矿井设计生产能力是设计中规定的矿井在单位时间内采出的煤炭数量，以“Mt/a”表示，即百万吨每年。

矿井井型是根据矿井设计生产能力不同而划分的矿井类型。有些生产矿井通过改扩建和技术改造，原来的生产能力得到改变，因而要对生产矿井的各生产系统的能力重新核定，核定后的综合生产能力称为核定生产能力。

矿井设计生产能力的大小直接关系到基建规模和投资的多少，影响到矿井整个生产期间的技术经济面貌，确定井型和矿井生产能力是矿区总体设计的一个重要内容。

矿井年产量是矿井每年实际生产出的煤炭数量，以“Mt/a”表示，常常不同于矿井设计生产能力，有时高，有时低，而且每年的数值也不一定相同。

（二）地下开采和露天开采

由地面向地下开掘井巷、采出煤炭的方法称为地下开采，又称为井工开采。直接从地表揭露并采出煤炭的方法称为露天开采。与露天开采相比，地下开采要更复杂和困难。露天开采与地下开采在进入矿体的方式、生产组织、采掘运输工艺等方面截然不同。

1. 露天开采与地下开采的区别

（1）性质不同

露天开采又称为露天采矿，是移走矿体上的覆盖物，得到所需矿物的过程，是从敞露地表的采矿场采出有用矿物的过程。地下开采是指从地下矿床的地层里采出矿石的过程。

（2）工作方式不同

露天开采作业主要包括穿孔、爆破、采装、运输和排土等流程。按作业的连续性，露天开采作业可分为间断式、连续式和半连续式。地下开采则通过矿床开拓、矿块的采准、切割和回采 4 个步骤实现。

（3）技术条件不同

露天开采的主要技术有：露天开采境界、露天矿边坡稳定、开采工艺、开采程序、露天矿开拓、干排水、矿山环境保护、矿山土地复用、露天开采生产调度等。地下采矿方法分类繁多，常用的以矿压管理方法为依据，分为自然支护采矿法、人工支护采矿法以及崩落采矿法三大类。

当煤层厚度达到一定值，直接出露于地表，或其覆盖层较薄，开采煤层与覆盖层剥采量之比在经济上有利时，就可以考虑采用露天开采。露天开采一般机械化程度高、产量大、劳动效率高、成本低、工作比较安全，但受气候条件影响较大，需采用大型设备和进行大量基建剥离，基建投资较大。因此，露天开采只能在覆盖层较薄、煤层厚度较大时采用。

露天开采是我国煤炭工业的发展方向之一。凡煤田或煤田浅部有露天开采条件的，应根据经济剥采比，适当考虑发展可能划定露天开采的边界。所谓剥采比，就是每采一吨煤需要剥离的岩石立方米数。经济剥采比就是在一定技术和经济条件下，露天开采在经济上合理的极限剥采比，它是确定露天煤矿开采境界的主要依据。根据我国目前露天煤矿的技术条件和实际经验，开采褐煤时经济剥采比不宜大于 5 m^3/t，开采非炼焦煤时经济剥采比不宜大于 6 m^3/t，开采炼焦煤时经济剥采比不宜大于 8 m^3/t。

2. 我国主要的大型露天矿

(1) 神华宝日希勒能源有限公司

神华宝日希勒能源有限公司已探明储量 41.66 亿吨，其中露天区煤炭资源储量达 23 亿吨，露天煤矿主采 12 煤层，煤层为褐煤，原煤平均发热量 3 700～4 300 大卡/千克，具有灰分低、挥发分高、特低硫、低磷、有害成分低等特点，见图 3-1。

(2) 黑岱沟露天矿

黑岱沟露天矿位于内蒙古鄂尔多斯市准格尔旗，是中国四大露天煤矿之一。黑岱沟露天煤矿可采原煤储量 14.98 亿吨。属低硫、特低磷、高灰熔点、较高挥发份和较高发热量的长焰煤，发热量为 4 000～5 600 大卡/千克，是优质动力、气化及化工用煤，有“绿色煤炭”之美称，见图3-2。

(三) 井田划分

井田的尺寸一般由矿区总体规划设计上的井田等级划分后确定。井田的尺寸可以由井田的走向长度、倾斜、宽度和面积大小来直观反映。

井田走向长度是一条表征大型矿井可开采能力范围长度的重要经济参数，要与区域内企业的主要开采设备技术性能及先进装备水平状况相适应。根据国内目前煤炭开采生产技术水平，大型矿井井田平均走向长度不少于

图 3-1　神华宝日希勒露天煤矿现场图

图 3-2　黑岱沟露天矿现场图

8 km，中型以下矿井应该不少于 4 km。我国煤矿开采的井田南北走向长度一般多为数千米长至数十千米长不等，在我国煤矿的开采与设计过程中，大多数矿井通道的走向长度大于 4 km，以走向 4 km 或 8 km 者居多，设计要求的一些特大型矿井的井田走向长度最大可达到20 km。煤层垂直倾斜水平宽度是指井田剖面沿煤层的倾斜垂直方向上的水平投影宽度。我国煤矿井田倾斜宽度一般为数千米，开采近水平煤层，其井田倾斜宽度最大可达 10 km 或更大。井田具体面积多少与各矿井使用的主要井型大小有关，在我国主要煤矿中，54.3%的矿井井田面积大于 10 km^2，30 万 t/a 以下的小型矿井井田面积多小于 10 km^2,90 万 t/a 以上的大型矿井和特大型矿井的井田面积大多超过 20 km^2。

1. 阶段

阶段是在井田范围内平行走向按一定标高划分的一部分井田。如图 3-3 所示,在井田范围内,沿着煤层的倾向,按 0 m 和 −150 m 标高,把井田划分为三条平行于井田走向的长条。每一个长条就是一个阶段。阶段的走向长度就是井田在该处的走向全长。

为保证其每个运行阶段均能正常、安全生产,在每个运行阶段上都规定必须配备有一个独立有效的安全运输控制系统和通风系统。在阶段的下部边界开掘一个阶段的运输大巷,担负着运送各种煤炭、材料、设备等各种任务;在阶段上部边界开掘一阶段回风大巷,担负排放污风的各种任务,为整个阶段进行服务。上一阶段的煤层采完后,原运输大巷常作为下一阶段的回风大巷。

通常将布置有井底车场和阶段运输大巷,并且担负全阶段运输任务的水平称为“开采水平”,也简称为“水平”。水平用标高来表示,如图 3-3 中的 ±0 m、−150 m、−300 m 等。在矿井生产中,为说明水平位置、顺序和作用,相应地称为±0 m 水平、−150 m 水平、−300 m 水平等;或称为第一水平、第二水平、第三水平等;或称为运输水平、回风水平。

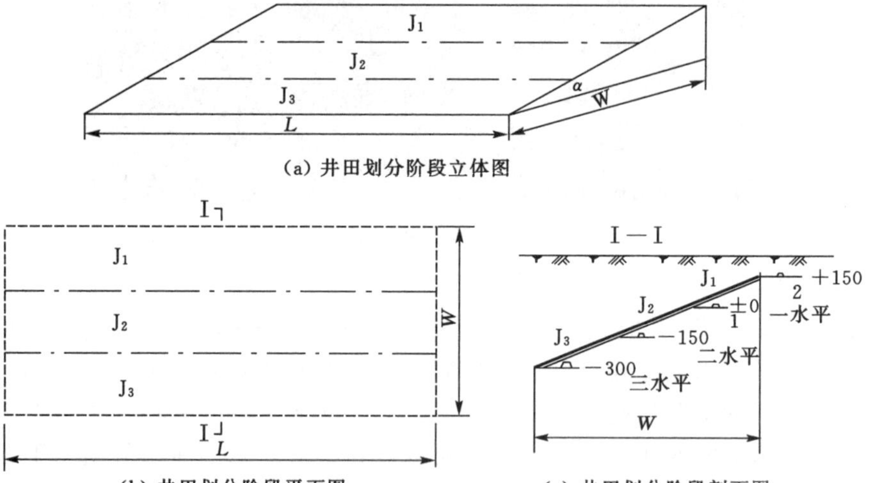

(a) 井田划分阶段立体图

(b) 井田划分阶段平面图　　(c) 井田划分阶段剖面图

L:井田走向长度;W:井田倾斜宽度;J_1,J_2,J_3:各阶段;

1:阶段运输大巷;2:阶段回风大巷。

图 3-3　井田划分阶段和水平

2. 阶段内再划分

采区式划分。在阶段内沿走向把阶段划分为若干具有独立生产系统的开采块段,每一开采块段称为一个采区。如图 3-4 所示,井田沿倾向划分为 3 个阶段,每个阶段又沿走向划分为 6 个采区。采区的倾斜长度就是阶段斜长,一般在 600～1 000 m。采区的走向长度由 400 m 到 2 000 m 以上不等。采区的范围较大,一般情况下不能一次将整个采区内的煤层采完,采区还需要划分为区段。区段是在采区内沿倾向方向划分的开采块段。如图 3-4,采区划分为三个区段。

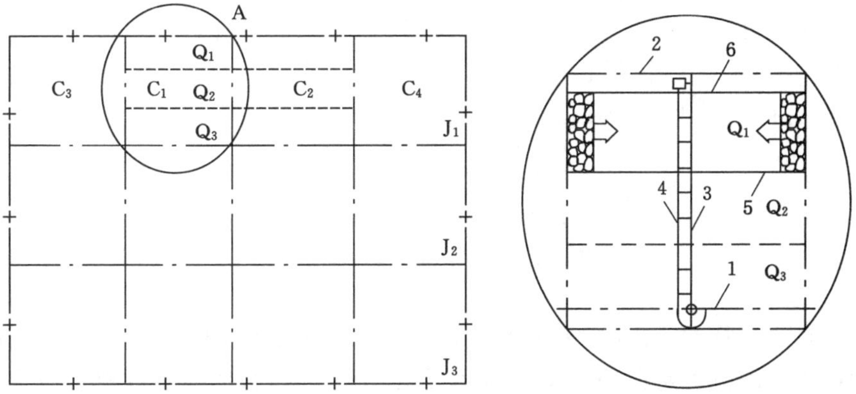

J_1,J_2,J_3:各阶段;C_1,C_2,C_3,C_4:各采区;Q_1,Q_2,Q_3:各区段;
1:阶段运输大巷;2:阶段回风大巷;3:采区运输上山;
4:采区轨道上山;5:区段运输平巷;6:区段回风平巷生产系统。

图 3-4 阶段内的采区式划分

采区施工准备作业期间,开掘采区运输上山通道和轨道运输上山通道与各阶段大巷相互连接贯通;然后沿相邻煤层水平走向倾斜方向,在相邻每个区段下部走向边界处的相邻煤层中依次开掘连通区段的运输上山平巷,在连接区段的上部走向边界处,相邻煤层区段再开掘连接区段的运输回风平巷;接着沿邻近煤层垂直倾斜垂直方向,在连接采区中部走向边界处以下的邻近煤层区间中逐步开掘斜巷,连通相邻区段的运输上山平巷通道和连通区段的回风平巷,该阶段斜巷通常称为斜开切眼;区段运输平巷和区段回风平巷可通过采区上山与生产阶段大巷进行连接,便可同时构成一套生产系统。

当煤层的倾斜角度较小时,可以采用带区方式开采。在阶段内沿煤层走向把阶段划分为若干适合布置采煤工作面的长条,每一个长条叫一个分带,如

图 3-5 所示，分带相当于采区内的区段旋转了 90°。由相邻较近的若干分带组成并具有独立生产系统的开采区域叫带区。

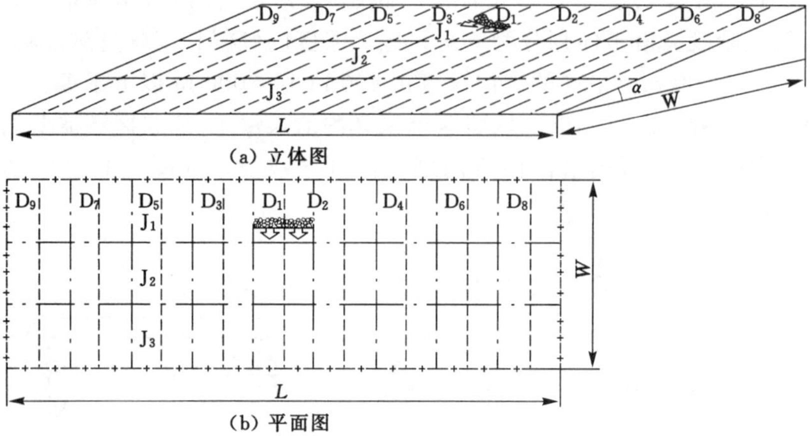

J_1, J_2, J_3：各阶段；$D_1, D_2, \cdots, D_8$：各带区。

图 3-5　阶段内的带区式划分

在近水平煤层开采时，由于煤层沿水平倾斜时的垂直高差往往较小，局部范围内煤层的倾斜走向的变化范围又可能较大，井田很明显难以根据一定角度的垂直标高将矿界划分为若干地质阶段，通常要分别将这些井田直接划分为盘区、带区或分带。

在煤层倾角较小时，沿煤层主要延展方向在井田中部布置一组大巷，盘区式划分如图 3-6 所示，在大巷两侧将井田划分为若干具有独立生产系统的开采块段，每一个块段称为一个盘区，盘区就是近水平煤层的采区。

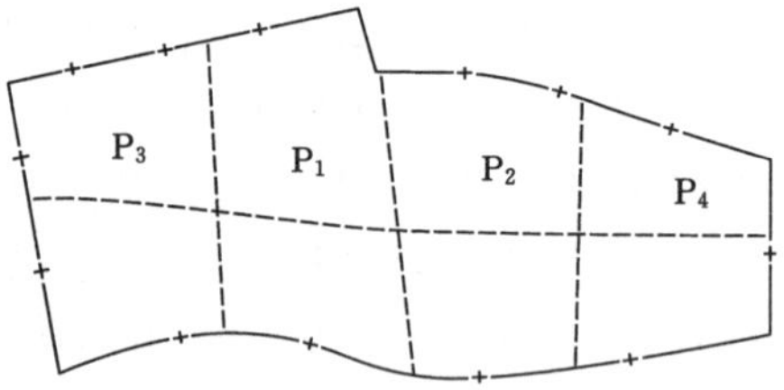

P_1, P_2, P_3, P_4：各盘区。

图 3-6　近水平煤层盘区式划分

二、矿井巷道与生产系统

（一）矿井井巷

矿井井巷是为进行采矿而在地下开掘的各种巷道和硐室的总称。矿井巷道种类很多，根据巷道的长轴线与水平面的关系，可以分为直立巷道、水平巷道和倾斜巷道三类。

1. 直立巷道

直立巷道的长轴线与水平面垂直，如立井、暗井和溜井等。

立井一般是指地层结构中单独开凿形成的一条直通于地面岩层的直立型巷道，又称为竖井。主要用于提升煤炭的井筒称为煤矿主立井；主要设计用于辅助提升煤矸石、下放提升设备部件和辅助材料、升降作业人员设备等的井筒称为副立井。在生产建设中，还经常人工开掘一些用于专门生产或主要是用来通风、排水、充填等的各种立井，这些各类立井多按它承担的一种主要作业任务分别命名，如防风井、排水井、充填井等。

暗立井是不与地面直通的直立巷道，其用途同立井。

溜井一般不装备提升设备，是一种专门用来由高到低溜放煤炭的暗立井或暗斜井。高度不大、直径较小的溜井称为溜煤眼。

2. 水平巷道

水平巷道的长轴线通常与巷道水平面保持近似平行，如平硐、平巷和石门巷道等。

平硐一般指地层结构中所开凿的一个直通于地面之间的水平巷道，它具有的地质作用也类似于人工立井，有主平硐、副平硐、排水平硐和通风平硐等。

平巷是指地层埋藏中直接开凿起来的、不可能直通地面的、其垂直方向与地下煤层垂直的，走向大致平行布置的水平巷道。

按其所在区域的主要岩层层位划分，布置和开掘在煤层中的平巷称为煤层平巷。布置和开掘在岩石中的平巷称为岩石平巷。为开采水平段或阶段服务的平巷又称为运输大巷，如运输大巷、回风大巷。直接为采掘区段运输服务的运输平巷通常称为采掘区段平巷，分为区段运输平巷和采掘区段的回风平巷两种。

石门巷道是指岩层构造中直接开凿形成的、不一定直通于地面的、与煤层的走向大致垂直相交或呈斜方向交叠的岩石平巷。为开采水平服务的石门称主石门，为采区水平服务的主石门也称采区石门。

煤层水平巷道是一种在厚煤层中所开凿形成的、不允许直通巷道地面的、与周围煤层巷道走向相互垂直交错或相互斜交平行的平巷。

3. 倾斜巷道

倾斜巷道的长轴线通常与垂直水平面中心线有着一定的夹角，如斜井、上山巷道、下山巷道和分带式斜巷等。不与地面直接相通的斜井称为暗斜井，其作用功能与地面暗立井基本相同。上山巷道是一种位于开采水平或以上，为本矿水平开采或采区服务的倾斜巷道。下山巷道是一种位于开采水平或以下，为本水平或以下采区提供服务的倾斜巷道。

按岩石所在的岩层层位分，布置和未开掘在同一煤层内产生的岩石上下山就称为同一煤层的上下山，布置和已开掘在同岩层段内发生的煤层上下山则称为同一岩层的上下山。

按开采用途和开采作用分，运煤线路的垂直上下山称为煤炭运输上下山，其沿着煤炭垂直运输线路方向可分别由上向下运输或直接由下向上运煤炭至水平大巷；铺设轨道的上下山称为轨道上下山；专门用作通风设备和方便行人通过的轨道上下山又称为轨道通风、行人上下山。

（二）矿井生产系统

1. 运煤系统

采煤工作面的煤炭经刮板输送机、转载机到区段运输平巷的胶带输送机，然后到采区运输上山，到采区煤仓，在采区运输石门内装车，经开采水平运输大巷、主运输石门运到井底车场，在井底车场由主井提升到地面，或者由副斜井经胶带输送机到地面煤仓。

2. 通风系统

新鲜风流从地面由主井、副井进入井下，经井底车场、主运输石门、运输大巷、采区运输石门、采区下部材料车场、采区轨道、采区中部车场、联络巷、区段运输平巷进入采煤工作面。污浊风流经区段回风平巷、采区回风石门、阶段回风大巷、阶段回风石门，由回风井排到地面。

为调节风量和控制风流方向，应在适当位置设置风门、风窗、风帘等通风构筑物。

3. 运料排矸系统

采煤工作面和开切眼所需的材料、设备，用矿车从副井下放到井底车场，经主运输石门、运输大巷、采区运输石门、采区下部材料车场，由采区轨道上山提升至采区上部车场，然后进入区段回风平巷，再运到采煤工作面和开切眼。

采煤工作面回收的材料、设备和掘进工作面运出的矸石用矿车经由与运料系统相反的方向运至地面。

4. 排水系统

排水系统一般与进风风流方向相反，由采煤工作面，经区段运输平巷、采区上山、采区下部车场、开采水平运输大巷、主运输石门等巷道一侧的水沟，自流到井底车场水仓，再由水泵房的水泵通过副井中的排水管道排至地面。

5. 供电系统

通过敷设在副井中的高压电缆，矿井地面变电所向井下井底车场的中央变电所供 6 kV、10 kV 或更高电压等级的高压电；通过敷设在运输大巷和运输上山帮上的电缆，中央变电所向各采区变电所供电，采区变电所则将输送来的电降压或不降压供给采煤工作面和掘进工作面的用电设备。

6. 压气系统

掘进工作面风动设备所需的压气，由地面压气机房经管道输送到井下各用气地点。有些矿井的压气机房直接建在井下。

7. 其他生产系统

矿井建设和生产期间，井下还需要建立避灾、供水、通讯和监测等系统。

矿井各生产系统的正常运行依赖于矿井的巷道以及最初设计，矿井巷道开掘的原则是尽量平行作业，尽快沟通风路。如图 3-7 所示，新建矿井首先要自地面开凿主井 1、副井 2 进入地下；当井筒开凿到第一阶段下部边界开采水平标高时，即开凿井底车场 3、主运输石门 4，向井田两翼掘进开采水平阶段运输大巷 5；直到采区运输石门位置后，由运输大巷 5 开掘采区运输石门 9 通达煤层；到达预定位置后，开掘采区下部车场 10、采区下部材料车场 11、采区煤仓 12；然后，沿煤层自下向上掘进采区运输上山 13 和轨道上山 14；在两条上山之间开掘采区变电所 27。

（三）开采顺序

井田划分后，采区、盘区或带区间需要按照一定的顺序开采，煤层间、阶段间和区段间也需要按照一定的顺序开采。

确定开采顺序应当考虑井巷的初期工程量，井巷的掘进及维护工程量，开采水平、阶段、采区、盘区或带区及采煤工作面的正常接替，开采影响关系，采掘干扰程度和灾害防治等。

1. 采区、盘区或带区的开采顺序

沿井田的走向及方向，井田按采区、盘区或带区的开采分为前进式采煤和后退式采煤两种。

自主井筒附近或主平硐附近开始向主井田边界方向依次进行开采时，各采区、盘区或带区进行的开采顺序通常称为采区、盘区或带区的前进式开采顺

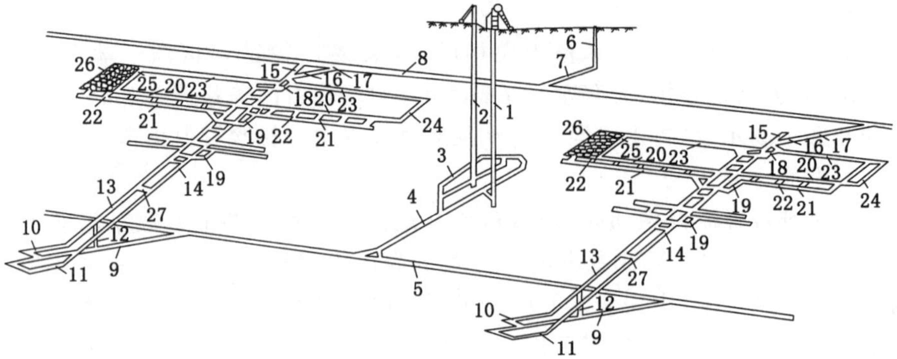

1:主井;2:副井;3:井底车场;4:主运输石门;5:水平运输大巷;6:风井;
7:阶段回风石门;8:阶段回风大巷;9:采区运输石门;10:采区下部车场;
11:采区下部材料车场;12:采区煤仓;13:采区运输上山;14:采区轨道上山;
15:采区上山绞车房;16:采区上山绞车房回风斜巷;17:采区回风石门;18:采区上部车场;
19:采区中部车场;20:区段运输平巷;21:下区段回风平巷;22:联络巷;23:区段回风平巷;
24:开切眼;25:采煤工作面;26:采空区;27:采区变电所。

图 3-7 矿井生产系统示意图

序。如图 3-8 所示,采用前进式开采顺序要先采井筒附近的 C_1 和 C_2 采区,后采井田边界附近的 C_5 和 C_6 采区。反之,自井田边界向井筒或主平硐方向依次开采各采区、盘区或带区的开采顺序称为采区、盘区或带区的后退式开采顺序。如图 3-8 所示,采用后退式开采顺序就是要先采井田边界附近的 C_5 和 C_6 采区,后采井筒附近的 C_1 和 C_2 采区。

采区、盘区或带区采用的前进式开采作业顺序有利于大幅度减少新矿井规划建设矿山初期的总工程量估算和工程初期的设备投资,缩短矿山建井期,使矿井建设项目能够尽快安全地投产。采区、盘区或带区采用前进式开采顺序,采掘过程的相互影响并不是十分明显。大巷维护难度取决于所在矿区岩层中的主要岩性,将矿井大巷合理布置在矿区岩层中有利于改善采矿环境条件。因此,我国煤矿对采区、盘区或带区开采一般采用前进式开采顺序。当一个阶段开采水平既能服务上山采煤阶段,又能服务下山阶段时,可以直接采用采区、盘区或带区的后退式开采顺序。

2. 采区、盘区或带区工作面的开采顺序

如果在同一煤层中的上下区段工作面或带区内的相邻工作面分别采用前进式和后退式开采顺序,则称这种开采顺序为工作面往复式开采顺序。

采煤工作面前进式与后退式开采顺序的主要区别是工作面生产期间回采

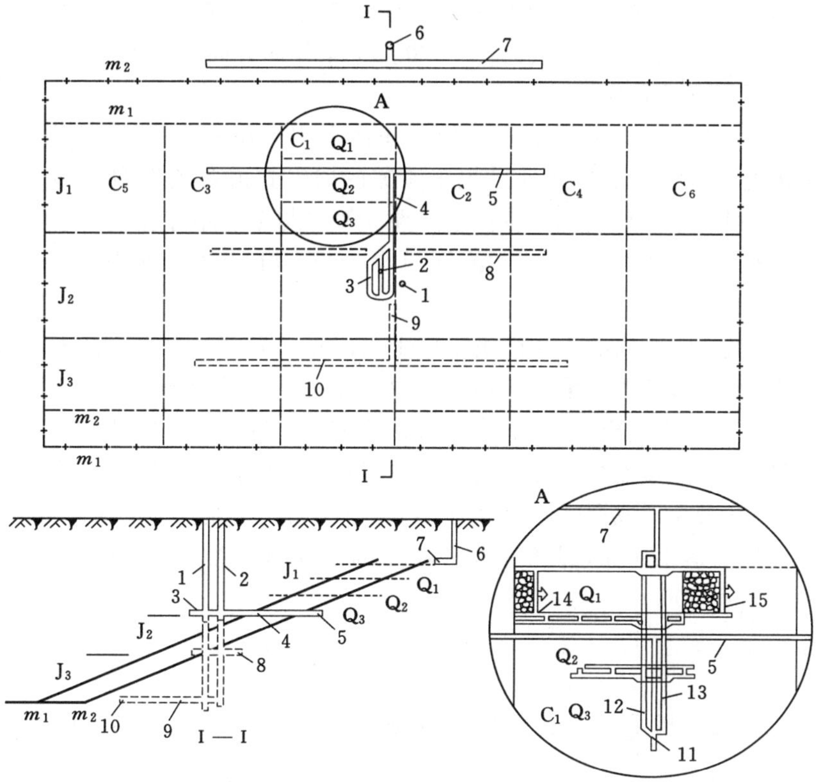

1:主井;2:副井;3:一水平井底车场;4:一水平主运输石门;5:一水平运输大巷;
6:风井;7:阶段回风大巷;8:二水平运输大巷;9:三水平主运输石门;
10:三水平运输大巷;11:采区运输石门;12:采区轨道上山;13:采区运输上山;
14:后退式采煤工作面;15:前进式采煤工作面。

图 3-8　井田内开采顺序示意图

巷道是预先掘出来的还是在推进过程中形成的。

采区、盘区或带区工作面的开采作业顺序一般也分为前进式和后退式两种。

采煤工作面依次由采区走向边界,或向主要采区运煤方向上山,或直接向主盘区及主要运煤巷道的巷道方向依次推进的开采顺序称为采煤工作面的后退式开采顺序。在带区范围内,采煤工作面后退式开采顺序也是工作面分带工作面向运输大巷方向推进时的开采顺序。

采煤工作面沿着背向主采区主要运煤通道上山,或向背向主盘区的主要运煤巷道方向推进时，工作面开采的顺序通常称为工作面前进式开采顺序。采煤工作面前进式开采顺序也就是分带掘进工作面背向运输工作面大巷方向依次推进时的开采顺序。

如图 3-8 所示，C_1 采区中左侧的工作面采用后退式开采顺序，由采区边界向上山方向推进。后退式开采顺序所需的回采巷道要预先掘出，通过掘巷可以预先探明煤层的赋存情况；在生产期间采煤与掘巷不存在相互影响，回采巷道容易维护；新风先经过实体煤，漏风少，这是我国煤矿最常用的一种工作面开采顺序。

而 C_1 采区中右侧的工作面由采区上山附近向采区边界方向推进，回采巷道在采空区形成，工作面采用了前进式开采顺序。前进式开采顺序所需的回采巷道不需要预先掘出，采煤和形成回采巷道同时进行，这可以减少巷道的掘进工程量，但不能预先探明煤层的赋存情况；形成和维护回采巷道需要专门的护巷技术，采煤和形成回采巷道相互影响大；新风要先经过维护在采空区的回采巷道才能到达工作面，因此容易漏风，目前我国煤矿很少采用这种工作面开采顺序。

三、采煤方法

采煤方法是指采煤工艺与回采巷道布置及其在时间上、空间上的相互配合。

根据煤矿不同煤层的具体地质条件和各种开采技术条件，很多不同特点的巷道采煤工艺方法与矿井回采工作面巷道的布置设计相互配合，形成了多种多样的巷道设计与采煤布置方法。采煤方法的分类有很多，按采煤工艺原理和矿压控制特点，可以初步将各种采煤方法分为壁式和柱式两大体系，如图 3-9 所示。

我国长壁工作面的采煤工艺主要有爆破采煤工艺、普通机械化采煤工艺和综合机械化采煤工艺三种，其中综合机械化采煤工艺是目前采煤技术发展的方向。

1. 爆破采煤工艺

爆破采煤支护工艺主要是一种用爆破等方法来爆落煤层，机械或人工装卸煤，输送机运煤，利用单体支柱等支护顶板的采煤支护工艺，简称“炮采”。其特点分别是爆破落煤、爆破掘进、人工装卸煤和机械运煤。随着采矿装备水平的进一步发展，我国煤矿炮采掘进工艺大体经历了三个发展阶段：新中国成立初期，掘进工作面全部采用木支柱进行支护；20 世纪 60 年代中期，主要采

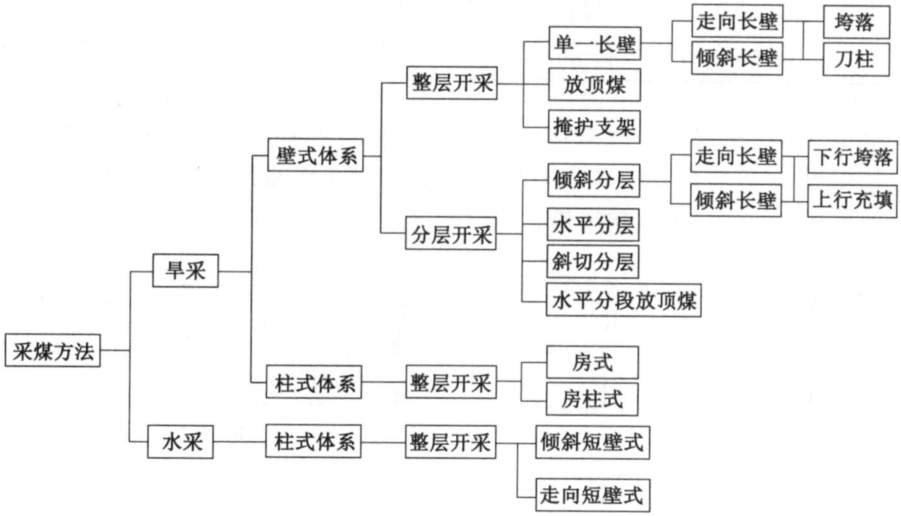

图 3-9 采煤方法分类图

用金属摩擦支柱和铰接顶梁支护；20 世纪 80 年代末期以来，单体液压支柱渐渐代替金属摩擦支柱。爆破采煤系统的全部工艺过程包括钻眼、爆破落煤和自动装卸煤、人工装卸煤、刮板输送机运煤、推移输送机、支护、回柱及放顶等主要工序，概括为破、装、运、支、处五个流程。

破煤。爆破落煤的大致过程一般为：工人用煤电钻在煤壁上连续钻出 1～3 排、深度达 1.0～1.5 m 的炮眼，然后依次向各炮眼内注装炸药、雷管炸药，填塞炮泥封孔后，放炮工开始用起爆器自动引爆。根据采用煤层底板的岩石厚度类型和岩层硬度要求的不同，炮眼的布置及方式相应不同，单排眼一般主要用于开采薄煤层或煤质稍软、层理发育紧密的煤层；单双排眼通常分为对眼、三花眼和三角眼，一般适用于中厚煤层。煤质中硬时可用单对眼，煤质松软时还可用双三花眼，例如上部煤质比较软或煤层顶板易破碎时可用双三角眼。三排眼也称作五花眼，可用于煤质相对坚硬或较大倾角的中厚煤层。炮眼面与煤壁垂直的最大水平夹角值一般设置为 50°～80°，软煤取大值，硬煤取小值；顶眼可在同一垂直面中心线上分别向煤层顶板方向垂直仰起约 5°～10°，视煤质软硬性、煤层粘顶情况等定；底眼要在垂直面方向上和向底板方向上保持 10°～20°以上的水平俯角，眼底必须接近底板，以保证不漏丢底煤为原则。

装煤。如图 3-10 所示，爆破前，可弯曲刮板输送机在悬臂支架的掩护下靠近煤壁，爆破后，一部分煤进入刮板输送机的自装范围，自装率可达35%以上。人工装煤：输送机与新暴露煤壁之间松散煤安息角线以下的煤、崩落或撒落到输送机采空区侧的煤要由人工用铁锹装入刮板输送机。爆破钻孔浅可减少煤壁处人工装煤量。机械装煤：在输送机煤壁侧装上铲煤板，在采空区侧装上挡煤板，爆破后部分煤自行装入输送机，在输送机被推向煤壁过程中，底板上的余煤靠铲煤板装入输送机。该方法主要用于薄煤层和中厚煤层。

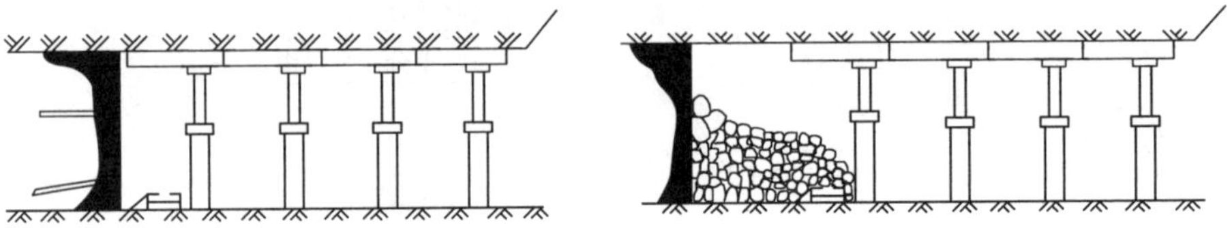

图 3-10　爆破装煤

运煤。根据煤层倾角不同，炮采工作面可采用弯曲刮板输送机运煤或自溜运煤。煤层倾角小于30°时，工作面多采用合理选型的刮板输送机运煤；煤层倾角大于30°时，工作面多采用搪瓷溜槽自溜运煤。

支护。炮采工作面一般采用单体液压支柱与金属铰接顶梁支护方式。

采空区处理。常用自然垮落法处理采空区。

2. 普通机械化采煤工艺

普通机械化采煤工艺是用机械方法破煤和装煤、输送机运煤、单体支柱支护顶板的采煤工艺，简称“普采”。其特点是用采煤机或刨煤机完成落煤和装煤工序，支护和处理采空区工序与炮采相同，仍需要人工来完成。

我国绝大多数普采工作面由滚筒采煤机破煤和装煤，由可弯曲刮板输送机运煤，单体支柱配合金属铰接顶梁支护顶板。少数薄煤层工作面采用刨煤机破煤和装煤。为与早期采用金属摩擦支柱支护的工作面区别，采用单体液压支柱支护的普采习惯上称为高档普采。

按采煤方法不同，普通机械化采煤又可分为单一长壁普通机械化采煤和分层长壁普通机械化采煤两种。前者适用于薄及中厚煤层，后者适用于厚煤层分层开采，其装备有一定的通用性。采煤流程与炮采类似。

破煤一般采用采煤机割煤；

装煤有人工装煤与机械装煤；

运煤使用输送机；

支护一般采用单体液压支柱与金属铰接顶梁方式；

采空区处理大部分采用自然垮落法。

3. 综合机械化采煤工艺

综合机械化采煤工艺主要用机械方法，是滚筒割煤机破煤、装煤，输送机运煤、自移式液压支架支护顶板的机械化采煤作业工艺，简称“综采”。综采机械化工作面的三个主要生产设备依次是滚筒采煤机、自移式液压支架、可旋转弯曲刮板输送机。综采与普通机械化采煤工艺的重要区别在于采煤工作面的支护主要采用自移式液压支架，这种采煤工艺能使井下采煤过程中的破煤、装煤、运煤、支护顶板和处理采空区等主要操作工序全部实现机械化，大幅度降低了工人的工作劳动强度，提高了采煤工作面的生产能力与人员作业的安全系数。

四、创新性采煤方法的发展方向

一方面，国民经济的发展对煤炭需求量不断增长，对煤质的要求逐渐提高；另一方面，煤矿开采条件趋于复杂，瓦斯、突水、火灾、冒顶、机械伤害等安全问题随开采难度加大而越来越突出，浅部矿区正向深部发展，开采导致的地面沉陷、水资源破坏，矸石对生态环境的影响亟待有效地解决，安全、高效、绿色、智能化、机械化是煤矿发展的方向，也是矿业工程学生创新创业的目标方向。

煤矿智能化开采是矿业开采先进水平的主要方面，学生结合所学知识，运用现代煤矿开采技术和采煤工艺的先进方面进行创新创业训练，可改进巷道布置，完善安全生产制度规定，优化系统和相关技术参数，为安全高效生产创造良好的条件。

(1) 对近水平、缓(倾)斜煤层长壁式开采，关键是不断改进采煤工艺，出路在于提高机械化水平。要多层次地、因地制宜地应用和发展先进的、适用的机械化采煤技术。

配备大功率、高可靠性采运设备及高强电液控制液压支架，加大工作面尺寸，是我国中厚煤层综采工作面进一步提高产量的主要途径。采用采煤机落煤、装煤，以单体液压支柱支护为特征的普采工艺在当前仍不失为一种较实用的技术。它具有投资较少、单产和效率较高、生产较安全等优点，在我国地方煤矿和乡镇煤矿中应得到广泛应用。

(2) 走向长壁采煤法技术简单，应用成熟，具有广泛的适应性，是我国开采缓(倾)斜煤层应用最广泛的方法。此方法要结合矿井煤层开采条件和采煤工艺的发展,改进巷道布置,优化采区系统和参数,为集中、稳产、高效、安全生产创造良好的条件。倾斜长壁采煤法生产系统简单,工程量少,在倾角 12°以下的煤层中应用,能取得良好的技术经济效果,可以大力推广。

(3) 近水平、缓(倾)斜煤层在我国煤矿生产中占有相当大的比重,我国已有多个矿井采用了大采高综采开采 3.5～6 m 厚的煤层,该采煤法简化了巷道布置,减少了巷道掘进和维护的工程量。在煤层倾角不大、煤层和顶底板岩性适宜的矿井,可以重点应用和推广。

厚煤层也可采用放顶煤采煤法,该采煤方法可以简化巷道布置,降低巷道掘进率,提高采煤工效,降低吨煤生产费用。该采煤方法由于一次开采煤层厚度较大,需要研究提高煤炭采出率的途径及防止自燃和瓦斯积聚等措施,保证工作面正常、安全生产。

(4) 薄煤层工作面由于受条件限制,作业困难,提高薄煤层工作面的采、支、运工序的机械化、自动化程度,可以减少操作人员数量。大功率、薄煤层滚筒采煤机或刨煤机、液压支架,是我国薄煤层开采实现高产高效的主要途径。目前,1.2 m 以上的薄煤层已实现单面年产 100 万吨。1.2 m 以下的薄煤层高效开采仍存在许多难题,适应该条件的高可靠性"三机"及自动控制技术还有待研制与开发。计算机控制的定量割煤刨煤机与配有电液系统的液压支架配套等,采煤工作面实现机械化或智能化是实现薄煤层工作面自动化开采重要的发展方向之一。

(5) 急(倾)斜煤层产量在我国煤炭总产量中所占比重不大,但分布较广。伪斜柔性掩护支架采煤法可以在层厚变化不大的厚及中厚煤层中应用,能取得较好的技术经济效果。近年来发展的侧向放煤技术及简化巷道布置的方法扩大了伪斜柔性工作面的应用范围,值得进一步推广和研究。

水平分段放顶煤采煤法为开采急(倾)斜特厚煤层提供了高效、安全的机械化采煤方法,在煤层厚度较大的条件下,此种采煤方法的单产和工效高、工艺简单、掘进巷道少、吨煤费用低,在条件允许的矿井可以积极推广。

(6) 建筑物下、铁路下、水体下呆滞煤量的开采逐渐成为我国煤矿开采的紧迫问题,充填采煤法是从根本上解决"三下"采煤问题的方法。我国有长期使用水砂充填的经验和成熟技术,随着充填开采的日渐成熟,充填方法、材料、工艺等层出不穷,近年来水砂充填采煤法的应用范围和产量均在减少。随着环境保护要求的日益提高,矸石充填采煤法获得了较大发展,并不断完善,有可能取代水砂充填采煤法。此外,廉价高性能充填材料的研制是充填采矿的关键,充填材料的便捷、实用、方便现场操作是充填开采的重要因素,充填材料的研究应进一步加强。

(7) 连续采煤机为长壁综采工作面掘进回采巷道，形成房柱式与长壁工作面配合的采煤方法，该方法充分发挥了长壁综合机械化开采和连续采煤机房柱式开采的优势，也是一种实现煤层开采高产、高效的途径。

第三节 非煤固体矿床开采

矿物是指地壳中由各种地质作用所形成的天然化合物或单质，是组成岩石或矿石的基本单位。岩石是由一种或多种矿物组成的集合体。矿产是指一切埋藏在地壳中的可供人类利用的天然矿物资源。我国已探明的矿产资源有173种，按可利用成分和用途，分为能源矿产、金属矿产、非金属矿产和水气矿产四类。

一、采矿方法的分类

岩体切割的具体方法也就是矿块开采准备的技术方法，包括采准、切割工程和矿山回采工程三项技术的具体处理过程。若整个矿山的采准工程、采矿切割准备在矿山生产规模、数量结构安排和工艺质量目标设计等方面，还不能满足国家对矿山回采准备各项技术的总体要求，则切割工程将影响到矿山的回采。因此，在开采同一类型矿块作业中应分别独立进行各种地质类型矿山的采准、切割、施工以及对其他矿块进行回采，即为采矿。

由于地下金属矿床围岩及赋存地质条件异常复杂多样，矿石成因与地下矿石围岩性质多变，采矿新技术、新工艺的应用实践不断获得完善、更新、发展和进步。大量的成果运用和生产技术实践又发展出了许多种类规格的产品、独特新颖的选矿新方法、采矿新工艺和新技术。为便于寻求一些更有效的采矿工艺、方法与采矿新技术，应对现有的采矿工艺、方法与技术进行科学、严谨的分类。

采矿管理技术方法可分为多种，如表3-1为金属矿床地下开采的方法分类。开采工艺技术及管理方法需要根据地下围岩材料本身特有的物理力学条件来分类，涉及地下围岩开采中各种设备的总体质量、安全性、效率水平和安全经济效果等。

表 3-1　金属矿床地下开采方法分类

类别	组别	典型采矿方法
崩落采矿法	单层崩落法 分层崩落法 分段崩落法 阶段崩落法	长壁式崩落法 短壁式崩落法 进路式崩落法 分层崩落法 有底柱分段崩落法 无底柱分段崩落法 阶段强制崩落法 阶段自然崩落法
空场采矿法	全面采矿法 房柱采矿法 留矿采矿法 分段矿房法 阶段矿房法	全面采矿法 房柱采矿法 留矿采矿法 分段矿房法 水平深孔落矿阶段矿房法 垂直深孔落矿阶段矿房法 垂直深孔球状药包落矿阶段矿房法
充填采矿法	单层填充采矿法 分层填充采矿法 分采填充采矿法 支架填充采矿法	单层充填采矿法 上向分层充填采矿法 下向分层充填采矿法 进路充填采矿法 分采充填采矿法 空场嗣后充填采矿法

（一）崩落采矿法

崩落采矿法为一步回采，随回采工作面的推进，崩落围岩充满采空区，达到有效地管理顶板和更准确地控制地压的目的。根据垂直方向上崩落单元的划分，崩落采矿法有单层崩落、分层崩落、分段崩落和阶段崩落四种基本形式。根据矿块岩体自身的围岩物理结构特征，单层崩落法可分为长壁式、短壁式和进路式，分段崩落法可分为有底柱和无底柱两种形式；根据人工崩落法破坏围岩结构时的机械作用方式，阶段崩落法可分为强制崩落和自然崩落两种形式。崩落采矿法的基本特征之一是在覆岩下放矿，掌握覆岩下放矿的基本规律是高效应用崩落采矿法的基础。

1. 单层崩落法

单层崩落法主要用来开采顶板岩石不稳固、厚度一般小于 3 m 的缓倾斜矿层，如铁矿、锰矿、铝土矿和黏土矿等。将阶段间矿层划分成矿块，矿块回采按矿体全厚沿走向推进。当回采工作面推进一定距离后，除保留回采工作所需的空间外，有计划地回收支柱并崩落采空区的顶板，用崩落顶板岩石充填采空区，控制顶板压力。

单层崩落法又分为长壁式崩落法、短壁式崩落法和进路式崩落法。长壁式崩落法的工作面是壁式的，工作面长度等于整个矿块的斜长，所以称为长壁式崩落法。当矿层的顶板稳固性较差时，采用长壁工作面不容易控制顶板地压。此时，可在上下阶段巷道之间，沿矿层的走向掘进分段巷道，用分段巷道分工作面，将工作面长度缩小，形成短壁，以利于顶板管理。工作面长度多在20～25 m，这样布置工作面的壁式崩落法称为短壁式崩落法。

单层崩落法是开采顶板岩石不稳固、厚度小于 3 m、倾角小于 30°的层状矿体的有效采矿方法。应用此方法时，地表必须允许崩落。

2. 有底柱分段崩落法

有底柱分段崩落法也称为有底部结构的分段崩落法。该方法的主要特征是，由上而下逐个分段进行回采，每个分段下部设有出矿专用的底部结构（底柱）。

有底柱分段崩落法大都采用挤压爆破，常用于开采中厚矿体。阶段高度主要取决于矿体倾角、厚度和形状规整程度，一般为 50～60 m；分段高 10～25 m，分段底柱高 6～8 m；矿块尺寸常以电耙道为单元进行划分，矿块长25～30 m、宽 10～15 m。

采准工作：出矿、行人、通风和运送材料等采准工程都布置于下盘脉外。阶段运输为穿脉装车的环形运输系统。电耙道也布置于下盘脉外，采用单侧堑沟式漏斗。下两个分段采用独立垂直放矿溜井，上两个分段采用倾斜分支放矿溜井。每 2～3 个矿块设置一个行人进风天井，用联络道与各分段电耙道贯通，作行人、通风、运送材料和敷设管缆之用。每个矿块的高溜井都与上阶段脉外运输巷道相通，且以联络道与各分段电耙道相连，作为各分段电耙道的回风井。

切割工作：切割工作包括开掘堑沟和切割立槽，在堑沟巷道内钻凿垂直上向中深孔，与落矿同次分段爆破形成堑沟。堑沟炮孔爆破的夹制性较大，所以常常把扇形两侧的炮孔适当加密。在电耙道一侧边孔的倾角通常不小于55°。为了减少堵塞次数和降低堵塞高度，在耙道另一侧钻凿 1～2 个短炮孔，短炮孔倾斜角控制在 20°左右。

堑沟切割有工艺简单、工作安全、效率高且容易保障质量等优点，应用比较普遍。但堑沟对底柱切割较大，堑沟爆破对底柱的破坏作用大，所以，底部结构的稳固性受到一定影响。

回采工作：回采一般用中深孔或深孔落矿，中深孔一般用钻凿台架钻凿，深孔一般用潜孔钻机钻凿。中深孔落矿方法使用广泛。

有底柱分段崩落法在我国地下金属矿山开采中应用比较普遍，特别是在有色金属矿山开采中得到广泛的应用，且有增加的趋势。

3. 无底柱分段崩落法

无底柱分段崩落法自 20 世纪 60 年代中期在我国开始使用以来，在金属矿山领域得到迅速推广，特别是在铁矿山开采中的应用更为广泛，已占地下铁矿山矿石总产量的 80%左右。其主要工艺特征是：将矿块自下而上划分为阶段，分段之间不单独设底部巷道结构（无底柱），落矿和出矿等回采工作基本都布置在底部巷道系统中循环进行，崩落围岩管理地压。

采准工作：在每个矿块内布置一条阶段穿脉运输巷，其长度应满足装车的需要和探矿的要求。一般只设矿石溜井，若废石量大，可以考虑设废石溜井，溜井一般应布置在下盘脉外。当矿体厚度大，受出矿设备运距限制时，溜井也可以布置在矿体中。每个矿块布置一个回风天井，一般位于矿体下盘脉外。回采巷道通常也叫“进路”，其布置方式视矿体厚度而定，当矿体厚度小于 15～20 m 时，一般沿矿体走向布置；当矿体厚度大于 15～20 m 时，一般垂直于矿体走向布置。

分段运输平巷作为回采巷道与矿石溜井、斜坡道（或设备井）和回风天井之间的联络巷道，兼有出矿、通风和行人等用途。如果矿体厚度太大，布置一条分段运输平巷运距过大，超过装运设备允许的运距时，可以布置两条以上分段运输平巷。

切割工作：一般都采用垂直（中）深孔落矿，回采工作结束前一定要开掘或切割立井槽，作为起始井和回采井的自由面间过渡和补偿作用的空间。开掘井和切割立井拉槽方法更广泛地选择切割天井平巷法和切割天井联合拉槽法，当矿体边界不十分清晰、规整时，可分别选择采用切割槽法、天井斜拉槽法。

回采工作：回采工作包括落矿、出矿和通风。各出矿工作面分段自上而下向后退回采，用大型无轨凿岩台车凿岩，从切割立柱槽口处开始自下而上依次顺向分段，沿运输平巷后退回采，向崩落出来的矿岩工作面进行挤压破碎和爆破后崩落出矿，无轨输送设备输送出矿，局部扇风机通风。

无底柱分段崩落法在我国金属矿山开采中广泛应用，尤其在铁矿山开采中使用的最多。

4. 阶段崩落法

阶段崩落法的回采高度等于阶段全高，地质结构特征一般都是阶段不需再划分和再分段，可以直接沿各阶段的全高落矿，崩落围岩，管理地压。按落矿方式不同，大致可分为阶段强制崩落法和阶段自然崩落法。

阶段强制崩落法：阶段强制崩落法一般可分为两种爆破情况，一种是在矿块中下部预先设一个补偿式爆破空间，用水平深孔落矿；另一种并不要求设一个补偿的爆破空间，而是用一个垂直的深孔进行挤压式爆破或落矿。水平和垂直深孔爆破落矿是阶段所用的一种强制爆破崩落法，具有一些基本的结构特征：在矿块中下部分别加设底部结构和补偿空间，在凿岩硐室结构中深钻入和斜凿出水平深孔，采用自由空间爆破落矿，采出矿石后再沿自孔覆盖的废石层向下爆破放出。该急倾斜采矿法一般适用于下列矿山的水文地质条件，即地表只允许产生少量局部塌陷变形现象；矿石一般急坡倾斜时的平均矿体厚度至少要高出地面约 15～20 m，缓坡倾斜时平均矿体厚度应更大些；矿石底部围岩及其下的基盘围岩要中等质量且相对稳固；矿石价值不高；矿块本身几乎无其他任何可自燃性、氧化腐蚀性和其他易熔结块性。

阶段自然崩落法：阶段自然崩落法是以某一个矿块为主要开采单元进行的矿石回采，具有一些最重要且基本的采矿地质特征，即矿石完全可以直接进行大面积的拉底爆破，或开掘少量削弱工程进行破碎处理后在自然状态中崩落，一般情况下都无需人工直接爆破落矿。阶段自然崩落法也是目前国内所有自然采矿技术方法系统中一种经济有效的可行的采矿方法。该采矿方法对矿山岩块环境条件的要求相当严格：矿块不仅自身能避免发生完全自然式的自然崩落，而且要确保岩石能避免自发的崩解，同时矿石围岩本身还需要具备矿石开采过程所需的技术条件。有关研究表明，松软的破碎矿石块理、节理、裂隙和发育裂隙形成的中粗、中硬块矿石等都已具有了强制的自然发生的崩落和开采的基本条件。阶段自然崩落法由于施工过程需要同时掘进出大量天井、巷道等工程，因此，该方法要求施工的采准量和土石方工作量相差较大，初期投资占总概算投资比例较高。

（二）空场采矿法

空场采矿法是指先将矿块空间划分为矿房区块和矿柱，先采矿房，后采矿柱。回采矿房在施工结束时其所能形成出来的采矿空场空间只能维持在矿柱支撑下和围岩半支撑状态下，或只以矿柱的形式继续存在，暂予封闭不做开挖等处理。

应用空场采矿法的基本条件是：矿石和围岩均稳固，采空区在一定时间内允许有较大的暴露面积。这类采矿方法在我国应用最早，在技术上也最成熟。

1. 全面采矿法

全面采矿法是最古老的采矿方法，一直沿用至今，主要适用于薄和中厚（小于 5～7 m）、缓倾斜（倾角一般小于 30°）、矿体和围岩均稳固、顶板允许暴露面积不小于 200～300 m^2 的矿床。它的特点是工作面沿矿体走向或沿倾斜方向全面推进，在回采过程中将矿体中的夹石或部分矿石留下，呈不规则的矿柱，以维护采空区。这些矿柱一般不回采，作为永久损失。个别情况下，如回采贵重矿石时，也可不留矿柱，而用人工支柱（混凝土支柱、木垛及木支柱等）支撑顶板。

结构和参数：一般沿矿体走向布置矿块，长 50～60 m，矿块间留 2～3 m 间柱（有的矿山不留间柱）、留 2～3 m 顶柱和 3～7 m 底柱。矿块内留不规则矿柱，其断面规格大体为（2 m×2 m）～（3 m×3 m）的近似矩形或直径为 3 m 左右的近似圆形，每个矿柱负担的面积约 80～300 m^2。

开采水平和微倾斜矿体（倾角小于 5°）时，矿田划分为盘区，工作面沿盘区的全宽向长轴方向推进。用自行设备运搬时，盘区的宽度取 200～300 m；用电耙运搬时，取 80～150 m。盘区间留矿柱，其宽度为 10～15 m 或 30～40 m。

开采缓倾斜矿体时，将井田划分为阶段。阶段高度为 20～30 m，阶段斜长为 40～60 m，阶段间每 2～3 m 留一个矿柱。

2. 房柱采矿法

房柱采矿法用于开采水平到缓倾斜的矿体，矿房和矿柱在矿块或采区内交替布置，回采矿房时留连续的或间断的规则矿柱，以维护顶板岩石。因此，它比全面采矿法适用范围广，不仅能回采薄矿体（厚度小于 2.5～3 m），而且可以回采厚和极厚矿体。矿石和围岩均稳固的水平到缓倾斜矿体，是这种采矿法应用的基本条件。

结构和参数：矿房的长轴可沿矿体的走向、倾斜或微倾斜方向布置，主要取决于所采用的运搬设备和矿体倾角。我国大多数金属地下矿山采用电耙搬运矿石，矿房一般沿倾斜布置。矿房的长度取决于运搬设备的有效运距。应用电耙搬运时，长度一般为 40～60 m。矿房的宽度根据矿体的厚度和顶板的稳固性确定，一般为 8～20 m。矿柱直径为 3～7 m，间距为 5～8 m。

分区的宽度根据分区隔离矿柱的安全跨度和分区的生产能力确定，变化于 80～150 m 到 400～600 m 之间。分区矿柱一般为连续的，承受上覆岩层的载荷，其宽度与开采深度和矿体厚度有关，和全面采矿法相同。

房柱采矿法是开采水平到缓倾斜矿体最有效的采矿方法。用房柱采矿法开采贵重矿石时，可以采用人工混凝土矿柱代替自然矿柱，以减少矿柱矿量损失。

3. 留矿采矿法

留矿采矿法的基本特征是回采工作自下而上分层进行，每次崩落的矿石只放出 1/3 左右，其余暂时留在矿房中，作为工人继续回采作业的工作台，待矿房全部采完后，再全部放出。根据是否在采场内对采下的矿石进行分选，这种采矿方法有普通留矿法和选别留矿法两种。

在回采矿房过程中，暂留的矿石经常移动，不能作为地压管理的主要手段。当围岩不稳固时，在大量放矿期间，围岩因暴露面积增加，容易大量片落而增大矿石贫化。崩落的大块岩石常常堵塞漏斗造成放矿困难，并增大矿石损失。

根据以上特点，留矿法适用于开采矿石和围岩稳固、矿石无自燃性、破碎后不易再行结块的急倾斜矿床，在薄和中厚以下的脉状矿床中使用广泛。它工艺简单，能利用自重放矿，通风条件良好，采准工程量少，选别留矿法还可分采分运，有利于提高矿石质量。它的缺点是采场内积压大量矿石，不利于资金周转，劳动强度大，易出大块，采空区暴露面积大，作业不够安全，生产能力小，效率低，成本高等。

（1）普通留矿法

普通留矿法的采准工作比较简单，首先在矿块底部边界处掘进脉内阶段运输巷，继之在矿块两侧的间柱内根据矿体厚度，自阶段运输巷开始沿矿体下盘或在矿体内掘行人通风天井，使其与阶段回风巷连通，并沿天井每隔 5～6 m掘联络道通向矿房。沿阶段运输巷每隔 5～7 m 向上掘漏斗颈至底柱的上部边界，再自底柱上部边界贯穿矿房全长掘一条拉底巷道，与两侧的天井及漏斗颈连通。普通留矿法的切割工作包括拉底和辟漏。将拉底平巷扩宽至上、下盘边界，形成拉底空间，为落矿创造自由面，并为矿石的碎胀提供补偿空间，称为拉底。将漏斗颈的上部扩大成喇叭口，称为辟漏。

回采工作包括凿岩、爆破、通风、局部放矿、撬顶、平场、二次破碎和最终放矿等工序。回采工作自下而上分层进行，分层高度一般 2～3 m。开采极细薄砂岩矿脉时，为保证及时完成回采作业，采场中的分层线最小的垂直分布宽度范围为 0.9～1.0 m。

凿岩爆破：回采矿石一般可考虑采用浅开孔落矿，炮孔布置则一般有水平垂直斜上方向布置和斜垂直斜水平方向两种布置方式。根据矿体厚度高低分布状况和矿岩破碎分离与处理作业的技术复杂及难易程度，炮孔一般的布置顺序也有单排、双排之分。

局部放矿、平场、撬顶和二次破碎：普通留矿法崩落的矿石一般采用重力运搬，每次放矿量约为崩落矿量的1/3左右，以保持采场有1.8～2 m的工作空间高度。局部放矿应与平场作业配合进行，以减少平场作业量和防止在留矿堆里形成空洞。平场就是将局部放矿后凹凸不平的留矿堆表面整平，以便在其上继续作业。撬顶就是将采场顶板和两帮已松动而未落下的矿石或岩石撬落，以确保后续作业安全，这项作业应与平场同时进行。平场工作主要用人工方法，矿房宽度允许时可用电耙平场。落矿和撬顶产生的大块，应在平场时进行二次破碎，以免堵塞漏斗。

最终放矿：将暂留于矿房中的矿石全部放出，又称大量放矿。

(2) 选别留矿法

选别留矿法与普通留矿法的区别在于：在人工采场环境下能对未充分崩落的优质矿石直接进行人工分选，将其中部分比较优质矿石先直接从漏斗天井的放矿格口中单独运出，其余全部矿石可分别和其他上述留矿法矿石分选一样，通过局部人工放矿、全部放矿从漏斗井中放出。开采含石棉、云母岩矿或者其他一些具有特殊类型矿石物理性能要求条件的特殊矿产时，常用选别留矿开采法。

在开采煤层及中等厚土层以下、矿石表面不互相风化黏结、不可能造成自燃与发火倾向的急倾斜及倾斜变形的矿体时，留矿采矿法是目前较完善的、较安全经济与高效可靠的一种采矿作业方法。

4. 分段矿房法

分段矿房法是在矿块的垂直方向，再划分若干分段；在每个分段水平上布置矿房和矿柱，各分段采下的矿石分别从各分段的出矿巷道运出。分段矿房回采结束后，可立即回采本分段的矿柱，并同时处理采空区。

这种采矿方法以分段为独立的回采单元，因而灵活性大，适用于倾斜和急倾斜的中厚到厚矿体。由于围岩暴露较小，回采时间较短，相应地可适当降低对围岩的稳固性要求。

结构和参数：阶段高度一般为40～60 m，分段高度为15～25 m。每个分段划分为矿房和间柱。矿房沿走向长度为35～40 m，间柱宽度为6～8 m。分段间留斜顶柱，其真厚度一般为5～6 m。

分段矿房法适用于矿石和围岩中等稳固以上的倾斜和急倾斜厚矿体。随着无轨设备的推广应用，对于开采中厚和厚的倾斜矿体，分段矿房法是一种有效的采矿方法。

5. 阶段矿房法

阶段矿房法是用深孔落矿（或中深孔分段落矿）的空场采矿法，崩落的矿石靠自重可全部溜到矿块底部放出。阶段矿房法用于开采急倾斜及极厚矿体。我国一般采用垂直炮孔落矿，根据落矿方式的不同，阶段矿房法可分为分段凿岩阶段矿房法、深孔球状药包落矿阶段矿房法等。

（1）分段凿岩阶段矿房法

采准工作：自阶段运输巷、经联络道，在矿房两侧的间柱中掘通风行人天井，并与阶段回风巷连通。

切割工作：矿块的切割工作包括拉底、辟漏和开掘切割立槽。

回采工作：矿房回采凿岩是在分段凿岩巷道中用导轨式凿岩机凿上向扇形中深孔。崩落的矿石借重力溜放到受矿漏斗后，由电耙耙运至矿石溜井，在阶段运输巷装车外运。矿房回采过程中，电耙巷道必须独立通风，以防止二次破碎和耙矿时产生的粉尘进入凿岩巷道。

阶段凿岩阶段矿房法：阶段凿岩阶段矿房法不划分分段，而是沿矿房全高凿垂直深孔落矿。在矿块顶柱下面开掘凿岩硐室或凿岩平巷，向下凿大直径深孔直至矿房下部的拉底空间，爆破落矿，从矿块底部结构出矿。

（2）深孔球状药包落矿阶段矿房法

深孔球状药包落矿阶段矿房法也称 VCR 法，根据球状药包的概念，药包长度不应大于药包直径的 6 倍。球状药包爆破时，爆破能量均匀作用于四周，因而爆破效果优于柱状药包。该法的基本特点是沿矿房全高钻凿大直径深孔，采用球状药包爆破；自下而上分层落矿，用大型无轨自行设备出矿。阶段运输巷一般布置在矿体下盘围岩中，通过穿脉装运横巷与出矿巷道联系。如用垂直扇形深孔，则需在顶柱下开掘凿岩平巷。

回采落矿：一般采用 165 mm 的大直径深孔，平行深孔的间排距为 3 m×3 m。钻凿完矿房内的全部炮孔后进行爆破，有单分层爆破和多分层同次爆破两种方式。前者每分层推进高度约 3～4 m，后者一次可崩落 3～5 层。崩落后出矿的矿石将卸到出矿块的巷道底部，然后再用铲运机出矿。

阶段矿房法生产主要是采用深孔巷道内或巷道中破碎的深孔落矿，矿块破碎产出或输送矿石的能力一般更大，效率比较高，成本也低廉很多。VCR 法目前具有破碎矿块结构更趋于简单、机械化连续生产程度高和巷道内爆破作业效果好等技术优点。该法最大缺点是矿柱、矿量中的矿石所占矿石资源比重变化大，矿柱回采所引起的矿石资源损失量高、矿石贫化率高。此外，分段凿岩阶段矿房法还需要大量的矿石采准率，工作量相当大；分段 VCR 法对各种分段凿岩技术要求比较高，通常要求分段的矿体形状、尺寸比较清晰、规整等。分段凿岩阶段矿房法，是我国开采矿岩稳固的极倾斜中厚至厚矿体应用比较广泛的采矿方法；急倾斜平行极薄矿脉组成的细矿带，也采用这种方法开采。垂直深孔球状药包落矿阶段矿房法在矿岩接触面规整的急倾斜厚大矿体或中厚矿体比较适用。两种方法都要求围岩稳固，矿石中等稳固以上。

（三）充填采矿法

随着回采工作面的推进，逐步用充填料充填采空区的采矿方法称为充填采矿法。充填采矿法最突出的技术特征即充填时矿石的质量损失低、矿石贫化度小，但其作业效率低、成本高，充填时生产系统设备较为复杂，阶段间产生的废矿柱石的集中回采处理较为困难，劳动强度大。按矿块结构和回采工作面推进方向，充填采矿法可分为：单层充填采矿法、上向分层充填采矿法、下向分层充填采矿法、进路充填采矿法、分采充填采矿法和空场嗣后充填采矿法。

根据所采用的充填料和输送方法不同，充填采矿法可分为：干式充填采矿法，用矿车、风力或其他机械输送干充填料（如废石、砂石等）充填采空区；水力充填采矿法，用水力沿管路输送选厂尾砂、冶炼厂炉渣、碎石等充填采空区；胶结充填采矿法，用水泥或水泥代用品与脱泥尾砂或砂石配制而成的胶结性物料充填采空区。

充填采空区的目的，主要是利用充填体进行地压管理，以控制围岩崩落和地表下沉，并为回采工作创造安全和方便的条件，有时还用来预防有自燃性矿石的内燃火灾。

1. 单层充填采矿法

单层充填采矿法用于开采缓倾斜薄矿体，用矿块倾斜全长的壁式回采面沿走向方向，依次按矿体全厚回采，随着工作面的推进，有计划地用水力或胶结充填采空区，以控制顶板崩落。由于采用壁式工作面回采，单层充填采矿法也称为壁式充填法。

结构和参数：矿块斜长 30～40 m，沿走向长 60～80 m。控顶距 2.4 m，充填距 2.4 m，悬顶距 4.8 m，矿块间不留矿柱，一个步骤回采。

采准与切割：由于底板起伏较大，顶板岩石有自燃性，阶段运输巷道掘在底板岩石中，距底板 8～10 m。在矿体内布置切割平巷，作为崩矿的自由面，同时可用于行人、通风和排水等。上山多布置在矿块边界处，沿走向每隔 15～20 m 掘矿石溜井，联通切割平巷与脉外运输巷道。不放矿时，矿石溜井可作为通风与行人的通道。

回采工作：长壁工作面沿走向依次推进 2.4 m，沿倾斜每次的崩矿量根据顶板的允许暴露面积决定，一般为 2 m 左右；用浅孔凿岩，孔深 1 m 左右；崩下的矿石用电耙运搬，先将矿石运至切割平巷，再倒运至矿石溜井。台班效率约 25～30 t。

水力充填是逆倾斜由下而上间断进行的，即由下向上分段拆除支柱进行充填。每一分段的长度和拆除支柱的数量根据顶板稳固情况而定，也可以不分段一次完成充填，但支柱回收率很低。

采用胶结充填时，一般用采矿巷道回采矿石，其矿壁起模板作用。

当开采水平或缓倾斜薄矿体时，在顶板岩层不允许崩落的复杂条件下，单层充填法是唯一可用的采矿方法。这种采矿法矿石回采率较高，达 94%左右，贫化率较低为 7%左右，但采矿工效较低为 4 t/工班，坑木消耗量大为 19.2 m^3/kt。

2. 上向分层充填采矿法

这种方法一般将矿块划分为矿房和矿柱，第一步回采矿房，第二步回采矿柱。回采矿房时，自下向上按水平顺序依次分层向上连续进行，随充填开采的工作面逐层依次向上连续推进，逐步充填采空区，并留出另外一个工作面继续向下充填上采的工作空间。充填体维护前后两帮围岩，并作为上采充填后其他临时准备工作的临时平台。崩落下来的矿石落在充填体覆盖的岩石外表面上，被井下各种机械方法送至溜井中。矿房回采充填到最上面分层时，进行接顶充填。矿柱则在采完若干矿房或全阶段采完后，再进行回采。回采矿房充填时可用干式充填、水力充填或胶结充填。干式充填法应用较少。

一般矿体厚度不超过 10～15 m 时，沿走向布置矿房；超过 10～15 m 时，垂直走向布置矿房。采场的结构与参数，随回采矿房的凿岩与出矿设备的变化而有很大的变化。

上向分层充填采矿法除具有充填采矿法的优点外，由于分层水平布置，不仅有利于工人作业和选别回采，还有利于采用高效率的无轨自行设备，使凿岩、装药、出矿和充填等实现机械化，从而提高矿块生产能力。但这种方法工艺复杂，特别是水力充填工序多、劳动强度大、矿块生产能力较小而且成本较高，工人在裸露的顶板下作业不安全。该采矿法适用于矿石中等稳固以上、矿石价值高或地表需要保护的倾斜和急斜矿体。

3. 下向分层充填采矿法

下向分层充填采矿法用于开采矿石很不稳固或矿石和围岩均很不稳固、

矿石品位很高或价值很高的有色金属或稀有金属矿体。这种采矿方法的实质是:从上向下分层回采和逐层充填,每一分层的回采工作是在上一分层人工假顶的保护下进行的。回采分层为水平或与水平成 4°～10°(胶结充填)或 10°～15°(水力充填)倾斜。倾斜分层主要是为了充填接顶,同时也有利于矿石运搬,但凿岩与支护作业不如水平分层方便。

结构与参数:阶段高度为 30～50 m,矿块长度为 30～50 m,宽度等于矿体的水平厚度,不留顶柱、底柱和间柱,一步骤回采。

采准与切割:运输巷道布置在下盘接触线处或下盘岩石中,天井布置在矿块两侧的下盘接触带,矿块中间布置一个溜矿井。随回采分层的下降,人行天井逐渐变为建筑在充填料中的混凝土天井,而溜矿井从上往下逐层消失。回采分层前,先沿下盘接触带掘进切割巷道,当矿体形状不规则或厚度较大时,切割巷道也可布置在矿体中间。

回采工作:回采方式分为巷道回采和分区壁式回采两种。当矿体厚度小于 6 m 时,采矿巷道垂直或斜交切割巷道,宜采取间隔回采。分区壁式回采是将每一分层按回采顺序划分为区段,以壁式工作面沿区段全长推进。回采工作面以溜井为中心按扇形布置,每一分区的面积控制在 100 m^2 以内。如果上下分层矿体的长度和厚度相同,用壁式工作面回采较为合理;反之,则用巷道回采较好。

4. 进路充填采矿法

进路充填采矿法适用于矿岩极不稳固、矿石品位高、经济价值大的矿体。矿体厚度从薄到极厚、倾角从缓倾斜到急倾斜均可采用。进路充填法开采的顶板跨度小,回采作业安全性高。

进路充填法和分层充填法的工艺基本相同,实际上就是将分层划分成多条进路进行回采。矿体厚度小于 20 m,进路沿走向布置;矿体厚度大于 20 m,进路垂直走向布置;当矿体厚度较小,小于 5 m 时,即为单一进路回采。

回采进路断面取决于凿岩、出矿设备,采用浅孔气腿凿岩机和电耙出矿时,进路断面一般为 2 m×2 m～3 m×3 m;采用浅孔凿岩台车和铲运机出矿时,进路断面一般为 4 m×4 m～5 m×5 m。进路既可以采用间隔回采,也可以采用连续顺序回采。同时回采进路数根据矿体厚度而定,一般有 2～3 条进路可以同时回采,每条进路回采结束后立即进行充填。

进路充填采矿法矿石回收率高、贫化率低,但回采充填作业强度大、劳动生产率较低,并要求进路充填接顶。采用高效的凿岩台车和铲运机出矿,可以有效提高采场的综合生产能力。

5. 分采充填采矿法

当矿脉厚度小于0.3～0.4 m时，若只采矿石，工人无法保证连续在其中进行回采工作，必须分别回采矿石、采掘围岩，使其采空区达到允许工作的最小厚度（0.8～0.9 m）。采下的矿石运出采场，而剩余未完全采掘出场的围岩全部被充填为采空区，为日后进行充填开采等作业创造条件。这种充填采矿作业法通常称为分采充填采矿法，也叫削壁充填法。该方法常用来开采急倾斜极薄矿脉，矿块尺寸一般不大，阶段高30～50 m、长50～60 m，顶柱高2～4 m，底柱高2～4 m，矿石的品位高、价值高；也可以用钢筋混凝土作底柱而不留矿石底柱，分层高度1～2 m，溜井间距用铲运机出矿为20～30 m，用电耙出矿为20～25 m。

分采法的采准工程主要是阶段运输平巷、人行天井和溜井，切割工程是拉底平巷。天井布置有两种方式：一为中央先行天井与一侧（或两侧）顺路天井，一为采场一侧先行一井与另一侧顺路天井。这种采矿法常用来开掘急倾斜极薄矿脉，矿脉尺寸不大（段高30～50 m，天井间距50～60 m），掘进采准巷道便于更好地探清矿脉。运输巷道一般切下盘岩石掘进。为了缩短运搬距离，常在矿块中间设顺路天井。自下向上水平分层回采时，可根据具体条件决定先采矿石或先采围岩。当矿石易于采掘，有用矿物又易被震落，则先采矿石；反之，先采下盘围岩。在落矿之前，应铺设垫板（木板、铁板、废运输带等），以防粉矿落入充填料中，采用小直径炮孔，间隔装药，进行松动爆破。

用分采充填采矿法开采缓倾斜极薄矿脉时，一般逆倾斜作业。充填采矿区常用人工堆砌，体力劳动繁重，效率低。可用电耙和板式输送机在采场内运搬矿石，采幅宽度一般比急倾斜矿脉要大。这种采矿法在铺垫板质量达不到要求时，矿石损失较大（7%～15%）；矿脉很薄落矿时，不可避免地带下废石混入矿石中，贫化率较高（15%～50%）。因此，铺设垫板的质量好坏是决定分采充填法成败的关键。

虽然这种采矿方法存在工艺复杂、效率低、劳动强度大等缺点，但对开采极薄的贵重金属矿脉，在经济上仍比混采留矿法优越。提高技术经济指标需要使用适合于窄工作面条件下作业的小型机械设备以及有效的铺垫材料和工艺。

6. 空场嗣后充填采矿法

空场嗣后充填采矿法属于空场法与充填法联合开采的方法，采场结构参数、采切工程布置以及回采工艺与空场法相同，只是增加了充填工序。根据空场法回采工艺的不同，采空区处理可以采用胶结和非胶结充填。由于空场法开采的矿岩条件一般都要求比较稳固，所以尽可能采用非胶结充填，以降低充填作业成本。一般来说，当矿柱不需要回收而作为永久损失时，采空区可采用非胶结充填。

空场嗣后充填采矿法的类别主要有分段空场嗣后充填法、大直径深孔空场嗣后充填法(含 VCR 法)。此外，还有房柱法、阶段矿房法、留矿嗣后充填法等。

分段空场嗣后充填法和大直径深孔空场嗣后充填法的采矿效率较高，应用范围较大。一般矿体厚度小于 15～20 m 时，沿走向布置矿块；矿体厚度大于 15～20 m 时，垂直走向布置矿块。如矿体厚度特别大，超过 50～60 m 时，可划分为盘区开采(如 100 m×100 m、150×150 m 的盘区)。

垂直走向布置矿块时，一般采用“隔三采一”或“隔一采一”。矿块宽度根据矿体和围岩的稳固性来确定，以 8～15 m 为宜，当有一侧是矿体时，矿块需要胶结充填，当侧边矿块均已用胶结充填后，矿块可采用非胶结充填。当一个矿块的充填体需要为相邻的矿块提供出矿通道时，其底部约 10 m 需采用较高灰砂比的胶结充填料充填。

空场嗣后一次充填量大，有条件采用高效率的充填方式，但充填体必须具有足够的强度和站立高度，以保证回采过程中不因充填体的塌落造成过大的矿石损失和贫化。

空场嗣后法的出矿一般采用铲运机，铲斗容积一般为 3～10 m^3。铲运机越大，采场的综合生产能力越高。采场的底部结构主要有两种方式，即平底结构或堑沟式结构。采用平底结构时，在大量出矿后，为了清楚采场的剩余矿石，必须采用遥控铲运机进行清底。采用堑沟式结构时，原则上不需要遥控铲运机，但留下底柱不易回收。

采场出矿完毕即进行充填准备和充填作业。充填准备工作包括打隔墙，在采场内布置泄水管。分段空场嗣后充填法充填时隔墙较多，采场内的泄水管可采用波纹管，其上钻许多泄水孔，用漏水布缠绕，然后沿采场壁悬吊，并引至隔墙外。为了解决采场脱水问题，最好的方法是采用膏体充填，使采场内不脱水，并且可以较好地接顶。

采用水力充填时，应当特别重视充填挡墙的构筑，充填挡墙承受的压力大小和采场的脱水是否良好有很大关系。为了安全起见，水力充填采场一般要分几次充填，以避免充填挡墙承受过高的饱和水压力。采用膏体充填时，一般先采用含水泥比例较高的充填料，充填至出矿点眉线以上的高度，然后再以水泥含量较低的充填料充填采场的其余部分。

分段空场嗣后充填法和大直径深孔空场嗣后充填法的优点：适合用机械化开采，采矿效率高，可以达到 100 t/工班以上；采场生产能力可以是中等到很高，有些矿山采场能力可以达到 1 000 t/d 以上；安全，通风条件好；矿石回收率高，可以达到 90%；贫化率较低，一般在 10%～15%，大部分矿山能控制在 20%以内；达产快，一旦采场爆破开始，可以立即形成出矿能力。

分段空场嗣后充填法和大直径深孔空场嗣后充填法的缺点：在采场形成出矿能力之前，需要大量的采切工程，尤其是分段空场法；不能选择性开采，对顶、底板边界变化的适应性较差；当矿体倾角较缓时，效率降低，贫化增加。

空场嗣后充填采矿法的实质是用空场法采矿和对采空区进行嗣后充填处理，利用充填体的支撑作用，最大限度地保证矿山生产安全，同时便于回收矿柱和减少贫化损失。另一方面，将矿山生产中的废石、尾矿等回填到采空区中，可减少对地面环境的影响。由于可以满足矿石回采率和保护地表环境的两方面要求，应用空场嗣后充填采矿法的矿山日益增多。

二、创新非煤固体矿床的发展方向

（一）自动化控制

自动化技术在矿业的应用可以归纳为单台设备自动化、过程控制自动化和系统自动化。早期的自动化主要是基于传感和控制器件的单台设备的部分功能自动化，如提升机运行中的深度自动控制；凿岩机自动停机、退回和断水；钻机的轴压、转速等自动控制；装药车的自动计量等。随着自动控制、计算机和通信技术的发展，单台设备自动化的深度和广度不断增加，例如设备各种运行和作业的数据采集、故障诊断、作业参数优化控制、远程操作、无人驾驶等。过程控制自动化主要用于矿物加工，系统自动化主要有运输自动调度系统，矿山自动化技术是控制技术、计算机技术（包括软件）和通信技术的有机结合，形成了由检测、采样、操作控制、数据分析处理、参数优化以及图文信息显示和输出等多功能组成的集成系统。

在过程控制自动化方面，与设备相连的过程输入和控制功能都由可编程控制器（PLC）完成，如电动机的启动和停机、限位开关、电动机电流、轴承温度、风扇振动等。过程控制操作界面和系统综合由分布式控制系统（DCS）完成，如流量、温度、压力的过程监控，给料机、闸门和闸板执行机构的调节，公共操作界面和所有来自过程单元的信息显示等。专家系统通过高速数据链（实时过程数据库）从 DCS 采集过程信息，进行监督和控制策略等高级控制。相关软件系统可用于相关设备的优化配置，流程回路模拟、设计优化，破碎和筛分过程的流量计算，颗粒组分调节、化学分析与平衡结果评价。

在远程操作方面，地下矿山的主要单体设备和某些系统，如凿岩台车、铲运机、锚杆机等都已实现远程操作，操作人员在操作硐室就可通过屏幕显示和操作盘控制设备作业。

（二）计算机技术

计算机使优化理论走出书本，在矿山生产中发挥着越来越重要的作用。例如，地质统计学被广泛用于建立矿床模型；基于图论和动态规划等的算法被用来优化露天矿的最终开采境界；基于动态规划和整数规划的境界与台阶排序算法被用于优化中长期开采计划；线性规划、动态规划、随机模拟等用于运输调度；种种优化算法被用于备品备件存量、设备更新时间和边界品位、配矿等参数的优化。优化实质上是在矿山企业这一微观层次上为管理和工程技术人员提供科学的决策支持和生产方案优选，可产生巨大的经济效益。

计算机使矿山地质的开采及经营管理数据在存储、显示和通信方面发生了革命性的变化。矿区的所有地质地貌特征、采场现状、巷道及总体布置等均可在计算机上建模，实现二维、三维显示。日常生产与管理的所有图文数据均通过计算机进行存储、调用、显示和输出。功能强大的计算机信息网络在发达国家已成为矿山公司生产经营的神经和脉络。

计算机是矿山生产中各类自动化的神经中枢。我国计算机在矿山的应用始于 20 世纪 80 年代中期，主要用于辅助设计、建模、管理、调度、监测等方面。计算机与优化使矿山设计和计划从方法到手段发生了质的飞跃。矿床模型、优化开采、矿石品位控制、设备控制与调度等组成一个有机的整体，矿山建模、规划、设计、计划与管理工作均在计算机系统上完成，因此，计算机技术给矿山生产的自动化提供了极大的发展空间，规划了未来矿山智能化的发展趋势。

思考题

1. 叙述矿业工程中矿山设计、矿山规划和矿山评价的基本内容。
2. 叙述煤矿开采中井田划分方式和矿井井巷种类。
3. 绘图说明煤矿开采中的工作面生产系统。
4. 论述采煤的新发展方向。
5. 思考煤矿开采与非煤固体矿床开采中常见概念的异同。
6. 论述非煤固体矿床开采的新发展方向。

第四章　矿业类大学生创新创业训练

第一节　创新创业教育的相关理论

从早期的创新教育、创业教育，到现在的创新创业教育，既有理论支撑，也有在实践中的探索和发展。主体教育理论、个性化教育理论、全面发展教育理论是高校开展创新创业教育的基础理论。

一、主体教育理论

主体教育理论是指以发展、培育个体的主体性为目的的一种教育观念。该理论要求把受教育者当作主体，唤起受教育者的主体意识，激发受教育者的自主性、主动性、创造性，使个体得到自由、全面和充分的发展。我们要尊重教育主体发展的客观规律，不能封闭自我，要全面发展；要以学生为主体，激发其内在动力，发挥学生的独立思考能力和主动创造能力；注重唤醒学生的主体意识，增强学生的责任意识和独立意识，促使学生主动发展。

主体教育理论要求充分发挥学生的主动性，激发其内在动力，使其形成良好、稳定、健康的心理品质，主动地获取知识，成为学习中的成功者。学生在成长中具有一定的主体性，在接受教育的过程中不断地发展、提高自己。

二、个性化教育理论

个性化教育强调教育主体的差异化和个性化。个体的生长环境、家庭背景、性格、情感等方面的因素不同，每个人的智力水平与心理承受能力等也不同。学校教育应承认学生在智力、情感和生理等方面的实际差异，重视个性与能力开发，发掘学生自身的兴趣，让学生主动思考、主动学习，并在此基础上进行创新。

个性化教育理论要求以学生发展为中心，教育过程中要善于发现学生的兴趣爱好和闪光点，尊重学生的个性，使其能够自由地、创造性地发展。教师应关爱学生，精心施教，鼓励学生去发现、探索自己感兴趣的事物。教育的本质是培养人，使每个学生都能获得全面、全新、创造性的发展。

三、全面发展教育理论

以灌输式为主的传统教育模式限制了人的个性发展，不利于学生想象力和创造力的发挥，不利于学生独立思考能力的培养。全面发展教育着眼于学生个体的发展，尊重学生的特质，创造优良的环境，让学生既掌握书本知识，又通过各种课外活动和社会实践将学到的知识转化为实际工作的能力，学以致用，从而获得充分而全面的发展。

创新创业教育以培养具有开创性的人才为目标，注重个体发展，使受教育者既获得综合发展，又具有自己的特色。新时代高校创新创业教育是一种全新的教育理念和模式，是我国实现中华民族伟大复兴战略举措的重要组成部分，具有鲜明的时代特征，是新时代高等教育改革实践的一项重要举措。

第二节　创新创业教育的发展历程与趋势

美国的创新创业教育始于 1919 年，1947 年正式开设有关创新创业的课程“新创业管理”。几十年来，美国的创新创业教育已不仅仅是面向大学生，而是将创新创业课程作为一门必修课纳入从小学、中学直至大学的课程体系里。1973 年，为了使创新创业课程的设置与高校大学生科技创新等实践活动紧密结合，美国国家科学基金会设立“创新创业中心”和“技术创新研究中心”等，美国的创新创业教育得到迅猛发展，众多大学开设了创新设计与创造力开发课程，也设置了具体的实践计划。第一届大学生创新创业计划竞赛在 1983 年成功举办后，美国多所大学也举办了类似的竞赛，比赛逐步全球化。澳大利亚开展的小企业创新创业教育，旨在挖掘学员的创新创业能力，同时进行创新创业必备素质的教育。在创新创业教育教师的配置方面，专职教师与兼职教师的比例为 4∶6，其中兼职教师绝大多数是具有高等教育背景的小企业家，他们兼具理论知识和实践经验，懂得如何通过自己的努力去创办自己的公司和工厂。法国也开展了“中学里办企业”“教中学生办企业”等创新创业教育活动，旨在使学生在继续学业的同时做好职业选择和就业的心理准备，并培养他们探索创新创业的兴趣和能力。

与国外创新创业教育的历史相比，我国大学生创新创业教育起较晚。我国部分高校自 20 世纪 80 年代以来，积极探索了创新创业的教育。清华大学率先开设“创业管理”课程，1998 年 5 月成功举办了第一届“清华创业计划大赛”，首次将创业计划大赛引入国内大学校园。1999 年，全国首个以“创新创业”为主题的教学改革班级在浙江大学成立，同年，由共青团中央、中国科协、全国学联主办，清华大学承办的首届“挑战杯”中国大学生创业计划竞赛成功举办，自此高校创业课程教育成为高校里一种流行的教育方式。1999 年“创新创业”成为当时流行的名词，之后，出现了一波大学生自己创立公司的热潮。但是，随之而来的种种失败使大学生创新创业彻底陷入低谷。近几年，我国对创新创业的重视程度越来越高，并出台了一系列的鼓励和扶持政策。

2007 年初，《教育部财政部关于实施高等学校本科教学质量与教学改革工程的意见》出台，决定实施“高等学校本科教学质量与教学改革工程”，从而推进人才培养模式的综合改革。各个高校结合自身特色和优势进行了创新创业教育探索，最终形成了三种基本模式。一是课程教学为主的创新创业教育发展模式。开设创新创业课程，通过构建合理的创业知识课程体系提升学生培养质量，重视学生创业意识的培养。二是提高创业意识、学习创业能力的创新创业教育模式。建立相关的培训机构、大学生创业园等，为大学生提供创新创业指导与资金支持。三是多元化的创新创业教育模式及相应的实习基地。通过课程体系、实践体系的教学改革及相应实习基地的建设，为学生提供更专业的创新创业教育指导。

2010 年颁布的《教育部关于大力推进高等学校创新创业教育和大学生自主创业工作的意见》提出，要通过创新创业教育，培养国家经济社会发展所需要的人才，促进高等教育科学发展。创新创业教育要面向全体学生，转变教育思想、更新教育观念，提升学生的社会责任感、创新精神、创业意识和创业能力，大力推进高等学校创新创业教育工作，提高人才培养质量。创新创业教育工作已经在许多高校得到落实，“大众创业、万众创新”理念开始走向实践。2012 年，教育部发布《教育部关于做好“本科教学工程”国家级大学生创新创业训练计划实施工作的通知》。2015 年 5 月，《国务院办公厅关于深化高等学校创新创业教育改革的实施意见》提出，深化高等学校创新创业教育改革，是国家实施创新驱动发展战略、促进经济提质增效升级的迫切要求，是推进高等教育综合改革、促进高校毕业生更高质量创业就业的重要举措。2017 年 4 月 27 日，联合国大会通过决议，将每年的 4 月 21 日定为“世界创意和创新日”，并呼吁各国支持“大众创业、万众创新”。此理念对于促进各国经济发展、增加就业起到了重要的推动作用。

2019 年，教育部印发《国家级大学生创新创业训练计划管理办法》，提出推动高校创新创业教育教学改革，强化大学生创新创业实践，培养大学生独立思考、善于质疑、勇于创新的探索精神和敢闯会创的意志品格，提升大学生创新创业能力，培养适应创新型国家建设需要的高水平创新人才。

2020 年《关于加快构建高校思想政治工作体系的意见》的发布推动了思想政治教育工作的开展，其中创新创业教育与思想政治教育相融合，既是对思想政治教育教授方式的创新，也是对创新创业教育理念内涵的丰富。

第三节　创新创业教育的影响因素与激励保障机制

一、高校创新创业教育的影响因素

（一）师资力量

创新创业教育实施主体之一为教师，专业水平高的教师是实施创新创业教育的重要推动力。教师是创新创业教育体系的关键影响因素，教师水平的高低直接影响着创新创业教育成效的好坏。因此，高校对创新创业教育的指导教师要求较高，教师应有过硬的专业知识，具备较强的创新意识、拓展能力，有丰富的创业管理经验更好。教师通过课堂互动教学激发学生的创新思维和创业欲望，挖掘学生的创新、创业潜能，从而引导学生进行创新创业训练。

（二）教学实践基地

创新创业实践平台的建立可以帮助师生实现科研成果转化，促进产学研融合发展。平台建立以后，学生可以通过实践活动加深对枯燥乏味的专业理论的理解，也可以更直观、深入地了解创新创业，为他们以后的创新创业提供借鉴。提高大学生创新创业教育质量的重要支撑之一是建立创新创业教育实践基地，而基地建设需要根据学校自身的实际情况及参加创新创业教育的学生的基本情况来具体问题具体分析。很多高校通过举办创新创业实践活动或比赛，培养学生的创新意识、创新思维，提高学生的创新创业积极性，锻炼学生们的创新创业能力。也有很多高校积极联系当地企业，在企业中设立相关专业的创新创业实习实训基地。

（三）学校政策

创新创业教育需要学校政策的大力支持，并配套一定的资金支持。学校出台相关政策鼓励、支持大学生进行创新创业训练活动，如定期举办大学生创新创业计划项目，可以营造校园良好的创新创业教育环境。学校政策对资金投入、师资力量配备和实践平台建设等都能起到巨大的引导示范作用，也是高校创新创业教育能否持续进行的保障。因此,学校政策对创新创业教育的实施有着重大的影响作用。

二、高校创新创业教育的激励保障机制

为提高教师、学生参与创新创业教育的积极性,需要配套实施相关的激励措施,高校创新创业教育的激励机制是保障创新创业教育高效运行的制度基础。如在课程设置中,将创新创业教育课程列为专业选修课,学生通过参加创新创业课程一方面可获得课程学分,另一方面可有更多的机会参加创新创业方面的比赛,获奖后具有评定奖学金方面的优势。

创新创业教育是一种全新的、满足社会需求的教学模式,需要国家、学校提供持续的保障机制。创新创业教育是每届大学生都应参加的一项教育训练,大学生必须选修创新创业教育课程。高校应从课程体系建设、大学生创新创业竞赛等方面给予充分保障,对于参加比赛获奖的同学,高校应给予一定的物质奖励与精神奖励,以此激发学生创新创业的热情,鼓励更多的学生将来愿意进行创新创业工作。

第四节 矿业类大学生的创新创业训练

一、概述

矿业类,这里主要指高校设置的矿业工程专业。矿业工程包含采矿工程、矿物加工工程等专业。矿业工程学科既要按照矿井的地质、生产和经济特性来完善和发展传统的矿业工程科技,又要吸收和融汇现代科学技术的最新成就使矿业工程科技不断提高和更新。

矿业工程学科的发展趋势是:实现矿产资源的高产高效综合机械化开采,发展先进的岩体破碎和稳定理论及支护技术,保障矿业安全生产和矿工的健康,研究解决其他工业企业生产和作业的安全问题,发展矿产资源的高效无污染分选、深加工、综合利用及环境保护。矿业工程的发展对国民经济建设和社会发展极为重要,并将不断推动和促进国民经济的可持续协调发展。

"绿水青山就是金山银山",在矿产资源的开采、开发过程中,应尽量减少矿山周边环境的破坏程度,最大限度地保护矿山周边环境。矿产资源地下开采尽量采取绿色开采技术,尽量减少地表沉陷、地下水资源枯竭等破坏生态环境的问题;露天矿山开采尽量减少对环境的大量破坏,矿山废弃后做到土地复

垦,恢复到矿山开采前的生态环境。保护生态环境,就是保护我们共同的家园。

创新是利用已存在的自然资源创造新东西的一种手段,是创造新事物的过程。创新是不拘现状、勇于开拓、乐意尝试、善于变化的精神和态度,包含更多思维层面的创造。创业是一个发现和捕捉机会并由此创造出新颖的产品、服务或实现其潜在价值的商业过程,是科技和风险投资浪潮兴起的产物。创业是在社会经济、文化、政治领域内开创新的事业、新的企业或者新的岗位,强调行动层面的创造。创新与创业联系密切,创新是创业的灵魂,创业的基础和核心是创新,创新支撑创业。有了创新的思维和意愿,再加上实践能力和市场机遇,更容易实现成功的创业。

创新创业教育在高等学校是指以创造性和创新性为基本内涵、以课程教学、实践活动为主要载体,以开发和提高大学生综合素质为目标的教育。20 世纪 80 年代末,联合国教科文组织在面向 21 世纪国际教育发展趋势研讨会上,提出了"创业教育"这一新的教育概念。联合国教科文组织指出:从广义上说,创业教育是为了培养具有开拓性的个人。1999 年,清华大学承办的"挑战杯"中国大学生创业计划竞赛的成功举办正式拉开了我国创业教育的帷幕。

大学生创新创业是指大学生发挥创造性思维,运用个人所掌握的知识和资源,凭自身能力组织和运营一个企业,并承担其所带来的风险。创业是一项操作性很强的社会活动,长期生活在校园环境下社会经验相对不足的大学生要想从事创业活动,需要先接受创新创业教育,消除对创业的陌生感,弥补创业相关知识的不足,减少在创业过程中的盲目性,提高创业的成功率。

大学生创新创业训练计划,旨在全面推进大学生创新创业教育,激励学生的创新思维和创新意识,鼓励大学生具有创新思想,增强大学生的团队合作、独立分析和解决实际问题等方面的能力。其特点是坚持"兴趣驱动、自主实验、重在过程"的原则,带动广大高校学生加强科学研究与发明创造的训练。

二、矿业类大学生的创新创业训练

从 2016 年开始,贵州大学矿业学院开设"专业创新创业训练"课程,开始对本专业学生进行创新创业训练。本次创新创业训练面向的矿业类大学生主要是采矿工程专业的本科生,主要内容为专业创新训练、专业创业训练,旨在提高采矿工程专业大学生的创新创业意识,培养他们的创新思维、创业能力。

（一）专业创新训练

1. 专业模型制作

（1）模型制作的背景与意义

根据《国务院关于支持贵州在新时代西部大开发上闯新路的意见》（国发〔2012〕2 号）、《教育部办公厅关于贯彻落实〈国务院关于支持贵州在新时代西部大开发上闯新路的意见〉推动贵州教育高质量发展的实施意见》及贵州省教育厅等十一部门联合印发的《关于做强贵州大学的实施方案》等精神，依托“做强贵州大学”和新一轮“双一流”建设发展的需求，立足贵州大学“兴学育人”的办学宗旨和“立德树人”的根本任务，以及“采矿工程国家一流专业”“卓越工程师”的培养目标，要求进一步增强教育的高质量发展，体现本科生的“能力本位”，充分激发学生的积极性、主动性、创造性，加强学生多方面能力的综合培养，使采矿工程专业学生在围绕“四新”、主抓“四化”中发挥更大的作用，为煤炭行业发展提供更好的人才支持。动手实践、信息搜索获取、团队交流、人际协调等能力都可以通过模型制作来实现。因此，模型制作教学方法对于新时代背景下优秀矿业创新人才的培养具有重要的现实意义和实用价值。模型制作与模型化教学方法如图 4-1 所示。

（2）模型制作的主要内容

① 专业知识模型的制作

采矿工程专业要求学生具有一定的空间想象能力和逻辑思维能力，对于采矿课程中的主要概念、抽象知识、重要知识点，可利用泡沫板、塑料板、纸盒、饮料瓶等进行专业知识模型制作；对于复杂的知识体系，可借助声、光、电、机等手段进行精细化的知识体系模型制作，从而使专业知识的学习融会贯通。

② 创新模型的制作

创新模型是将科研方法、项目成果融入模型制作，引导学生用科研思维、探索精神制作模型，如月球采矿模型、地下气化模型等都是开拓创新的模型。在模型制作过程中，物体比例的协调搭配与布局、色彩与声光电的恰当应用、通道与管路的铺设等无不体现制作者的创新思维。创新模型制作能培养大学生的创新思维和创新意识，形成“研究中学习，学习中研究”的教学科研模式，提升大学生的创新能力。

③ 实践作品制作的育人模式

模型制作把专业知识、科研想法通过比例缩小、知识体系简化等方法用实物呈现出来，是一种知识的再创造。大学生在制作复杂模型时，需要画图、钻孔、切割等多种工序交叉作业，每一步都要有严谨精细的工匠精神。以学科竞

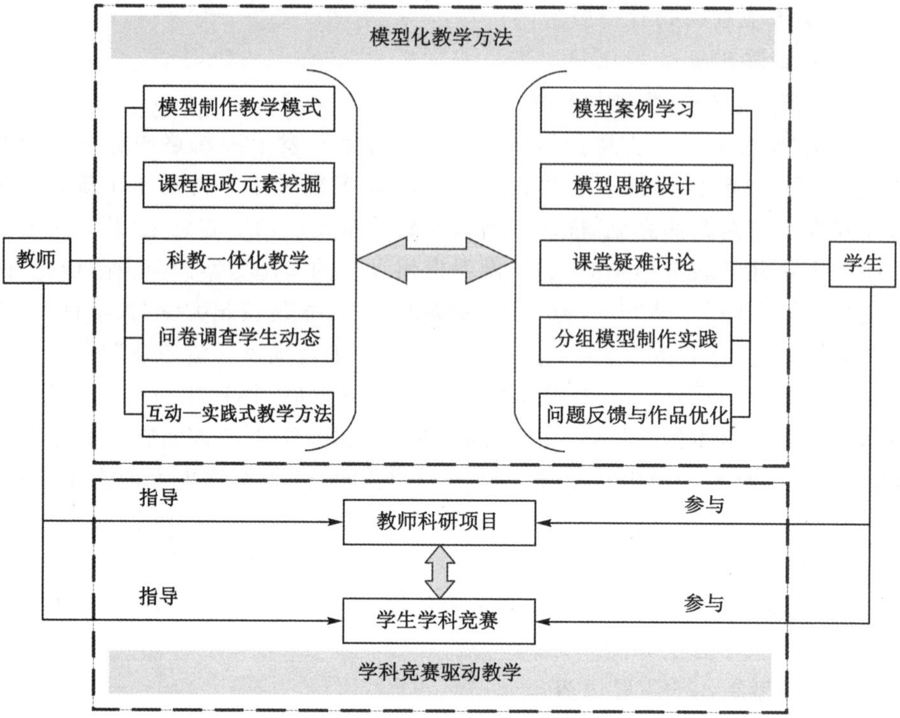

图 4-1　模型制作与模型化教学方法

赛为目标的模型制作，还需要小组成员分工协作投入一定的时间、精力去努力完成，在潜移默化中塑造为事业献身、为国献身的敬业精神。模型实践作品的制作构建了一种本科生培育的新模式。

(3) 模型制作的作用

① 解决了理论知识抽象、不生动、难以理解的问题

采矿工程专业的培养目标：培养专业知识扎实，能为矿山建设、管理服务的复合型人才。专业的理论知识往往枯燥、抽象、不生动、难以理解。模型制作将理论知识具体化，抽象知识形象化，引领学生在制作过程中加深对知识的理解、吸收、消化，内化成自己的知识，达到对所学专业知识的牢固掌握。模型制作还能促使学生学以致用，从纯理论学习向理论—实践相结合学习转变。

② 解决了学生缺乏学习兴趣和自主学习意愿低的问题

模型制作能吸引、激发学生的学习兴趣，启发学生思维，使教学知识与实践应用相结合。教师讲解模型制作思路，学生观看模型制作案例，打开思路；

然后学生分小组讨论、选择制作模型方向，教师点评学生所做模型的可行性。如此往复，激发学生的学习主动性，提升学生的自主学习意识，促使学生从“被动学习”向“主动学习”的转变。

③ 解决了学生做事草率、缺乏敬业精神的问题

模型制作可以使学生了解矿山的生产现状、工序流程。精细模型的制作，不可鲁莽草率，只有一丝不苟、全心全意地完成所有工序，才能最后成型。完成模型需要认认真真、踏踏实实的做事方法，需要严密细致、忘我投入的工作作风。模型制作能培养学生严谨的工匠精神，激发他们为国献身、钻研的精神。

④ 解决了学生科研探索不足、团队协作精神缺乏的问题

以模型制作为切入点，将专业知识融入教师的科研思维，要求学生制作科研创新模型，能促使学生系统地思考、探究新问题，增强学生的科研探索精神。当前许多大学生自由散漫，缺乏人际沟通、协作意识，我行我素，责任心差。模型制作要求学生组队、分工协作，每个同学都要建言献策、集思广益又各司其职，在规定时间内完成模型作品，从而达到个人与团队的完美契合，有利于培养集智攻关、协同创新的团结协作精神。

⑤ 解决了学生视野狭窄、不思进取的问题

贵州地处西南，许多学生来自贫困落后的山区，视野狭窄，进取意识不强。通过参加全国采矿工程专业实践作品大赛，学生可以走出贵州、到省外高校，同全国各地学生沟通、交流，增加阅历，增长见识，开阔视野。同时，其他选手制作的优秀模型作品也能使学生们认识自我，找到差距，树立开拓进取、终身学习的意识。

(4) 模型制作取得的主要成绩

专业知识模型整体框架的构建，需要细致的绘图计算，尺寸比例要协调，零件大小要配合，每一个步骤都要非常精确，才能最终完成整体装配。在模型制作过程中，切割、钻孔、磨平等工序需要不同的工具，各种工具的相互应用和配合正是一个工匠应具有的能力。模型内部结构的和谐、色彩与声光电系统的完美呈现，模型部件的正常运转，直至模型的最终完成，每一步都需要学生一丝不苟、认认真真地投入和付出。完整的模型制作过程无形中培养了学生精细的、持之以恒的工匠精神。科研方法融入模型制作，科研创新模型融合了教师的科研思想，教师引导学生用科研思维制作模型，学生在创新模型制作过程中能汲取科研方法。

以工程教育专业认证标准及其核心理念为指导，模型制作取得的主要成

绩归纳如下。

① 模型制作提高了学生的学习兴趣

以能力培养为导向，以学生为主体，重视学生学习的自主性和高效性，突出采矿工程专业学生"能力本位"的培养特点，模型制作使复杂问题简单化、抽象问题具体化，充分发挥了学生的主观能动性，提高了学生的学习兴趣。学生制作的专业知识模型如图 4-2 所示。

② "互动-实践式"模型制作培养了学生的科研探索与团队协作精神

应坚持学生为本的思想，以学生能理解、吸收、消化所学知识，并能灵活应用知识为出发点，将科研方法、项目成果融入模型制作，引导学生用一些科研的思维制作模型；要求学生组建小组，分工协作完成模型制作，参加学科竞赛及其他大学生创新项目，培养集智攻关、团结协同的协作精神。模型制作过程

(a) "横三区竖三带" 岩层控制教学模型

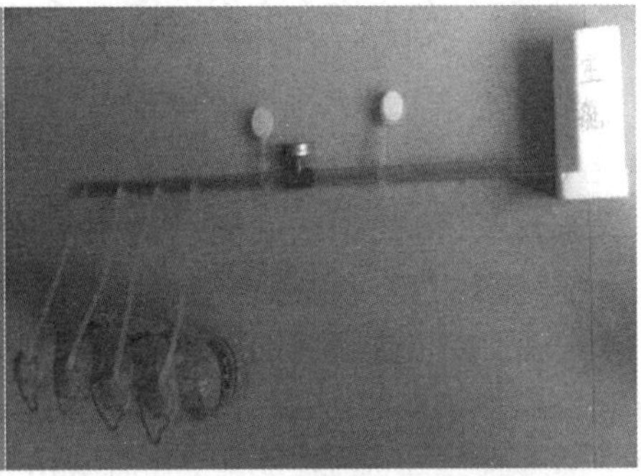

(b) 矿井避难硐室教学模型

(c) 保护煤柱留设模型

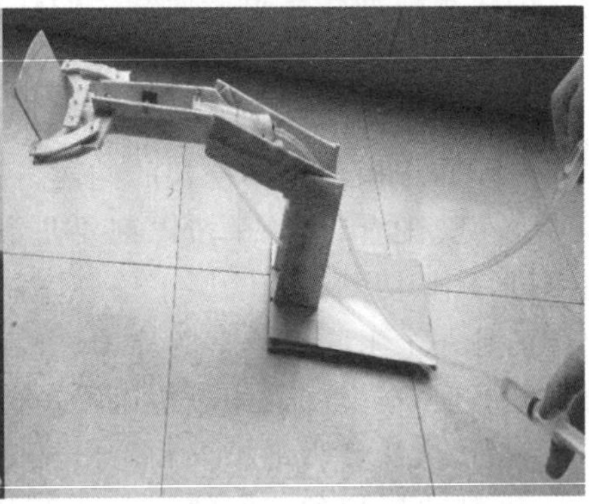

(d) 液压提升模型

图 4-2　专业知识模型

（e）房柱式采煤法模型

（f）走向长壁采煤法模型

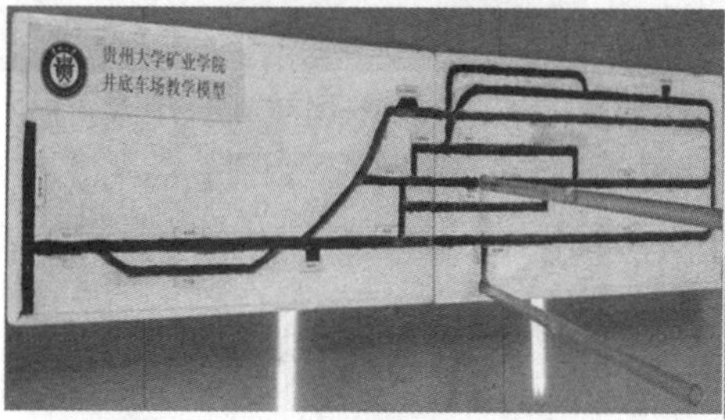

（g）井底车场模型

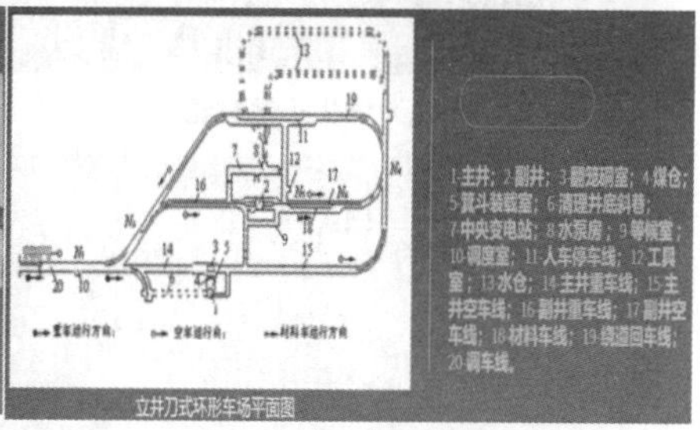

（h）井底车场课件演示

图 4-2　（续）

不仅能形成“研究中学习，学习中研究”的教学模式，而且能提高学生的科研能力与合作精神。如图 4-3 所示。

有一些抽象知识难以解释，并且具有很高的实践性，学生对此类知识的理解较为空洞，很难理解透彻。例如矿井巷道布置、矿井避难硐室布置等。模型制作有助于学生们理解知识点的内部联系，提高学习专业知识的兴趣，加深对专业知识的理解。采用“互动-实践式”方法制作模型，使学生参与到学习活动中进行研究和探索，有利于提高学生的专业能力、理解能力和动手能力。学生可选择重要知识点，利用泡沫板、纸盒等进行模型的简单制作，如图 4-4 所示；也可做出更逼真、精细化、形象化的模型，如图 4-5 所示。学生参加模型比赛，如图 4-6 所示。

③ 任务驱动，促使学生自主学习解决问题

以学科竞赛为导向，给学生布置模型制作任务。教师引导学生自主学习、查阅资料、选择模型制作方向，能发挥学生的自主性，使他们探索适合自己的表现形式，然后小组讨论确定模型题目，购买材料制作模型，使学生加深对专业知识体系的理解和应用，锻炼学生的动手实践能力和空间想象能力。最后，借助

（a）学生小组讨论模型制作　　（b）模型制作中的分析计算

（c）学生小组完成模型制作　　（d）模型制作中的实物布局

图 4-3　学生团队协作模型制作

色彩、光电等方法完善模型系统，使模型更形象生动，易于理解，从而提高学生们学习的积极性，搭建一种健康、良好的学习模式。完成模型作品激发了学生的成就感、自信心。学生制作的专业知识模型如图 4-7 所示。

贵州大学自 2017 年开展大学生创新创业训练以来，以学生能力产出为抓手，采矿工程专业学生参加模型制作学科竞赛的热情高涨，先后在第八、九、十届全国采矿工程专业大学生实践作品大赛中屡获佳绩，学生参加模型比赛获奖的部分科研创新模型作品如图 4-8 所示，部分获奖证书如图 4-9 所示。

2. 专利写作

专利发明是创新的一种重要形式和载体，是衡量科研成果的重要指标，发明专利的数量和实施率已成为衡量一个组织创新能力的重要指标。专利写作

（a）矿井巷道模型

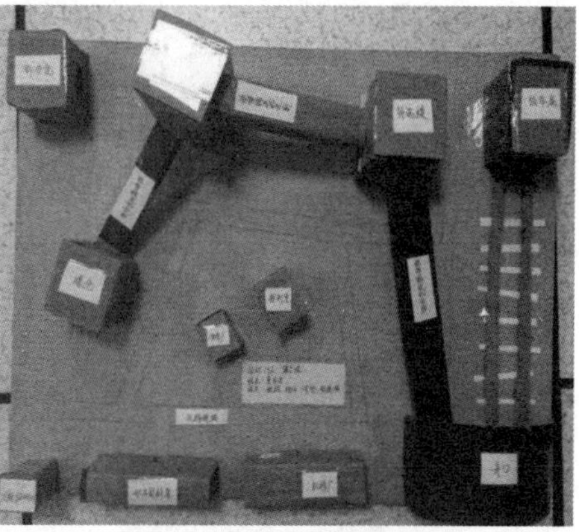

（b）矿井工业广场教学模型

（c）双翼工作面通风模型

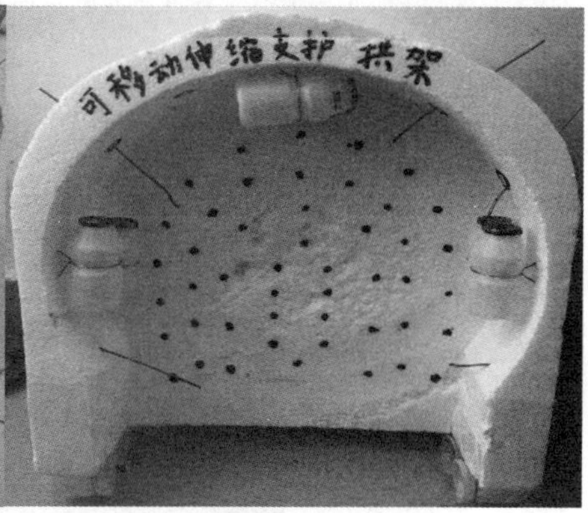

（d）可移动伸缩支架

图 4-4　专业知识模型的简单制作

其实没有想象的那么复杂，关键还是要有好的思路。大学生在导师指导下进行专利发明能力的培养，可以有效地提升创新能力。专利写作通常也有规范的格式，专利检索如图 4-10 所示。开展和培养大学生专利发明，是培养大学生科技创新意识和能力的最佳途径，学生如果进行专利写作的训练，可参照如下提纲：

① 专利背景；

② 专利检索情况；

③ 专利价值；

④ 专利发明内容（附相关图纸）；

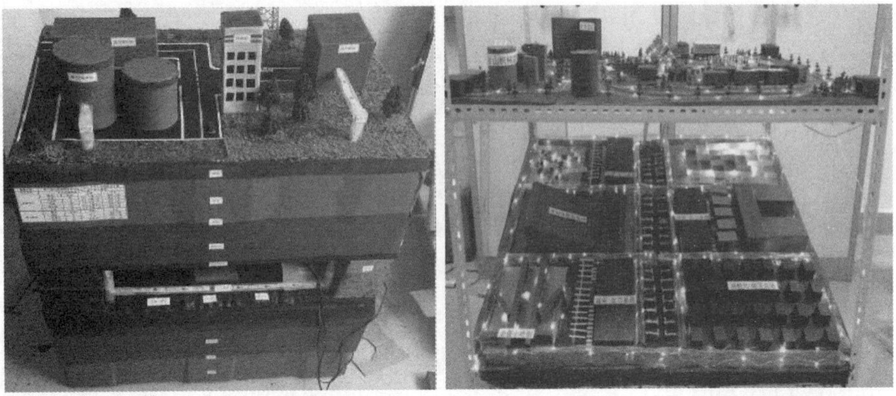

（a）煤炭地下气化演示模型　　（b）废弃矿山重建构想物理模型

图 4-5　专业知识模型的精细制作

图 4-6　学生参加第 32 届全国高校采矿工程专业学术年会

⑤ 专利应用前景。

3. 实验研究

科研项目是锻炼大学生创新思维的一种有效途径。科研思想逻辑严谨、思维缜密，要求学生按部就班，一步一个脚印地完成每一个科研步骤，最后才能最终完成科研项目。学校在满足科研需求的条件下，应面向本科生开放科研基地、实验室，最大限度地挖掘和利用实验室资源，提高设备使用效率，为学生掌握先进的技术方法搭建平台，从而以科研项目为依托，产生一批综合性、研究型的实验项目。如图 4-11 为学生尝试的煤层开采断层影响的数值模拟。大学生如果进行科研项目方面的创新训练，可按照如下提纲进行报告写作：

（a）采煤工作面及采空区充填模型

（b）露天矿山开采模型

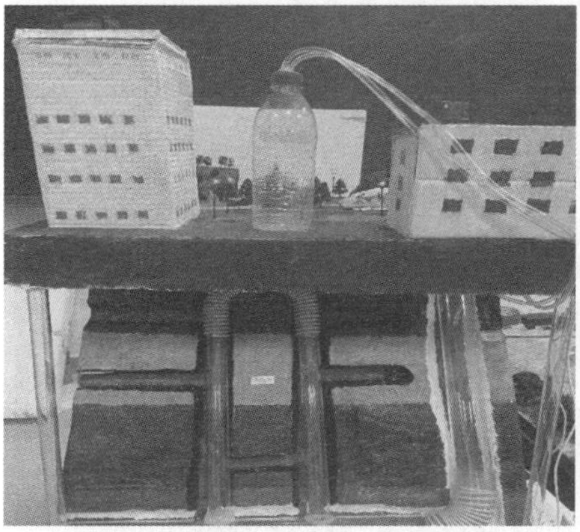

（c）废弃矿井巷道建设储气设备模型

（d）有底柱分段崩落法模型

图 4-7　专业知识模型

（a）废弃巷道地下抽水蓄能电站模型

（b）5G+废弃巷道智能矿井

图 4-8　科研创新模型作品

（c）垃圾封闭充填煤矿采空区系统设计

（d）废弃煤矿综合蓄能电站模型

（e）地下气化模型

（f）地下抽水蓄电模型

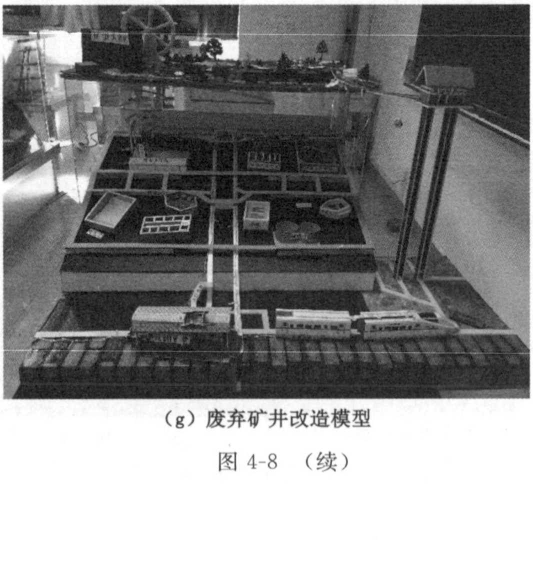

（g）废弃矿井改造模型

图 4-8 （续）

图 4-9　部分学生实践作品获奖证书

图 4-10　专利检索

① 课题研究的意义；

② 课题研究的内容；

③ 课题的研究方法，如实验研究、数值模拟、现场研究等；

④ 实验研究过程，包括实验方案、实验过程、试验结果及分析；

⑤ 研究结论。

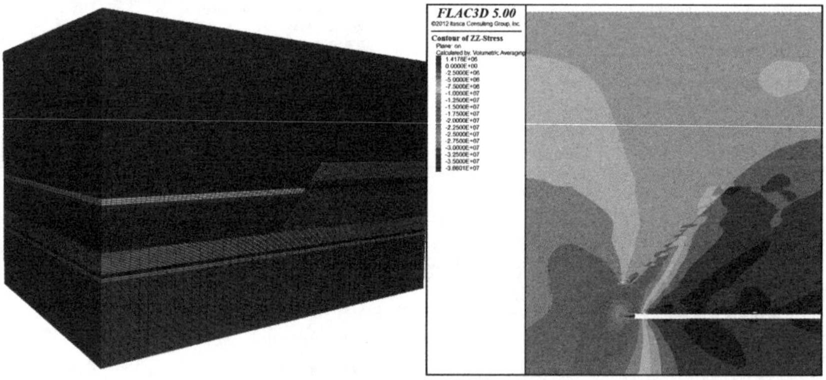

图 4-11　学生尝试的数值模拟

（二）专业创业训练

1. 模拟企业

模拟企业的报告写作格式为：

① 企业兴办的背景、前景；

② 企业的技术优势或核心竞争力；

③ 市场调研分析/可行性研究；

④ 资金来源分析；

⑤ 原材料来源及厂址选择；

⑥ 预期市场效益。

采矿工程专业学生自己构思的创业训练题目主要有：贵矿矿业设备有限公司；矿山后勤服务公司；森鑫绿化有限责任公司；煤矸石综合利用处理公司；矿山博物馆；智能矿灯。

2. 个人/团队创业

自主创业一般是创业者个人或团队白手起家进行创业。创业者是在校或刚毕业的大学生，其自主创业大多会选择在学校或培养机构的协助下开展。大学生有好的思路和项目，就可以创业。

模拟个人/团队创业的报告写作提纲为：

① 创业背景；

② 市场前景分析；

③ 技术或核心竞争力；

④ 资金来源分析；

⑤ 市场调研分析/可行性研究；

⑥ 创业地点选择及优缺点；

⑦ 预期结果与效益。

3. 创业体会

创业是一项艰苦的尝试，不是每一个人都敢于创业。创业的另一面充满了艰难困苦，只有做好充分的思想准备，怀着创业的激情，永不放弃，坚持到底，才有创业成功的可能，即使更多的创业是不成功的。无论怎样，都要敢于尝试，敢于拼一拼、搏一搏。以下展示了三位学生的创业体会。

（1）创业体会一

千万不要盲目创业，很苦。虽然我已经有多次创业经历，也算是有技术、有人脉、有资源了，但还是觉得难，做事有“漂”的感觉，会走很多弯路。

大学是一段特别有意思的阶段，你在大学里做了什么，很大程度上就决定你毕业后会是什么样的人。我那个时候努力创业了，出来找工作的时候，企业就看上了我的运营经验。不过，我的专业读得算是一塌糊涂，不是个好样本。

创业是一条艰难的路，想要走得远，就要比别人想得多。

（2）创业体会二

创业的人那么多，我觉得自己很幸运，目前发展得还不错。我认为有两点特别重要。一是兴趣。任何事业的开始，肯定需要浓厚的兴趣。没有兴趣，即使成功，也是淡而无味的。有了兴趣的支撑，碰到再大的困难和挑战，也不会轻言放弃。我，只不过是恰好把很多人的兴趣做成了事业。二是坚持。自打有了做游戏的想法，一直到现在，差不多已经 10 年。这 10 年里，碰到很多困难，但我从没想过放弃。我想对每一个有条件、有梦想的人说：无论创不创业，知识永远是最牢靠的基础。

（3）创业体会三

创业团队，贵在精，每个成员都身兼数职，优劣互补，缺一不可。创业，选好伙伴很重要！

创业经历都是苦的，但是有成就感。

思考题

1. 创新创业教育理论有哪些？
2. 简述创新创业教育的发展趋势。
3. 简述高校创新创业的影响因素。
4. 谈谈你对矿业类大学生创新创业的认识。
5. 思考创新创业如何与专业相结合。

附　录

附录一　课程结题报告(小组)

课程名称	专业创新创业训练
选题名称	
学　　院	
专　　业	
班　　级	
指导教师	

小组成员			
姓名	学号	姓名	学号

年　月　日

附录二　课程结题报告(小组)评分标准

序号	评分标准	分值	得分
1	选题创新性(很好,30分;较好,25～29分;一般,20～24分;差及以下,小于20分)	30	
2	小组成员任务分配及协调性(很好,20分;较好,15～19分;一般,10～14分;差及以下,小于10分)	20	
3	小组工作量及完成情况、报告撰写规范性(工作量饱满且完成很好,报告格式非常规范,25分;工作量适中且完成较好,报告格式规范,文字表达通顺流畅,20～24分;工作量一般且完成一般,报告格式一般规范,文字表达较为通顺流畅,15～19分;工作量较少且完成较差及以下,报告格式规范性较差,文字表达不清,小于15分)	25	
4	所取得成果(取得预期成果,20～24分;取得预期部分成果,15～19分;未取得预期成果,小于15分)	25	
总分		100	

任课教师(签名):

年　月　日

附录三 课程结题报告(小组)撰写要求

1. 报告撰写及试验数据记录等(若有,可作为报告附件)均统一采用 A4 打印纸。

2. 报告总字数要求:10000 字以上(A4 纸 10 页以上,正文字体大小:宋体小四,1.25 倍行距,页边距采用该模板默认页边距)(提示:报告撰写时,可根据任务分配,小组成员每人分别完成各自内容后,由小组组长或另外指定组员完成报告的统稿和格式校对任务,确保报告格式、字体等统一、美观)。

3. 报告雷同或相似度高者以及照抄网上下载资源并被查实者,小组成员课程总成绩均以不及格(<60 分)计。

4. 报告中必须明确小组成员任务分配的情况,即报告中必须包含以下表格(如表 1 所示)。

表 1 小组成员任务分配

序号	姓名	任务分配	备注
1			组长
2			组员
3			组员
4			组员
5			组员
6			组员

5. 报告结尾由小组组长根据小组成员任务分配、任务完成情况及报告撰写参与度等情况,给每位成员(含组长)进行打分(百分制)并附上打分表格(如表 2 所示),分数仅作为指导教师对个人成绩评分的参考。

表2　小组成员工作量完成情况评分表

序号	姓名	工作量完成情况(好、中、差等)	组长评分(百分制)
1			
2			
3			
4			
5			
6			

6. 课程结题报告(小组)成绩占个人考查成绩的70%。

注:个人总成绩=考查成绩×80%+平时成绩×20%,其中,考查成绩=课程结题报告(小组)成绩×70%+课程结题报告(个人)成绩×30%。

附录四 课程结题报告(个人)

课程名称:专业创新创业训练
选题名称:
学习时间:
学　　院:
专　　业:
班　　级:
学　　号:
学生姓名:
指导教师:

年　月　日

附录五　课程结题报告(个人)评分标准

序号	评分标准	分值	得分
1	能真实反映学习期间的实际情况，内容翔实、丰富、具体；能写出自己在该课程学习期间的真实感受和实际收获等，并按照报告格式和要求编写，文字表达通顺流畅。完全做到得 90～100 分；较好做到得 80～89 分；一般做到得 70～79 分；基本做到得 60～69 分；不能做到得分小于 60 分。	100	
总分		100	

指导教师(签名)：

年　　月　　日

附录六　课程结题报告(个人)撰写要求

1. 报告撰写及试验数据记录等(若有,可作为报告附件)均统一采用A4打印纸。

2. 报告总字数要求:4000字以上(A4纸4页以上,正文字体大小:宋体小四,1.25倍行距,页边距采用该模板默认页边距)(提示:报告格式、字体等统一)。

3. 报告雷同或相似度高者以及照抄网上下载资源并被查实者,课程结题报告(个人)成绩均以不及格(<60分)计。

4. 报告中必须明确个人任务分配情况及工作量完成情况,并给出自我评价。

5. 课程结题报告(个人)成绩占个人考查成绩的30%。

注:个人总成绩=考查成绩×80%+平时成绩×20%,其中,考查成绩=课程结题报告(小组)成绩×70%+课程结题报告(个人)成绩×30%。

以下撰写内容供参考,可根据小组选题情况、小组及个人工作量完成情况等自行拟定报告的具体撰写内容。

一、课程介绍及个人认识

……(正文)

(根据自身课堂学习笔记、网上查询资料等整理)

二、课程学习目的

(介绍课程学习的目的和意义等)

1.

……(正文)

2.

……(正文)

三、课程学习内容、个人承担的任务及工作量完成情况

1.

……(正文)

2.

……(正文)

四、课程学习取得的成果

……(正文)

(根据课程学习目的、学习内容、选题情况等结合自身感受,论述该课程学习取得的结果或成果)

五、课程学习总结或体会

……(正文)

(结合课程学习内容、取得的结果等总结或论述课程学习体会)

参考文献

[1] 白云莉.大学生创新创业教育新模式研究[M].天津:天津科学技术出版社,2020.

[2] 曹培强.大学生创新教程[M].北京:中国人事出版社,2015.

[3] 陈虹.大学创新创业教育[M].北京:文化发展出版社,2020.

[4] 陈伊然."双一流"背景下我国研究型大学本科人才培养模式探析[D].济南:山东师范大学,2020.

[5] 大学生创新创业基础编委会. 大学生创新创业基础[M].北京:中国林业出版社,2016.

[6] 杜计平,孟宪锐.采矿学[M].徐州:中国矿业大学出版社,2009.

[7] 黄春静,单长丽,张建华.试论大学生创业精神的培养模式[J].文教资料,2021(20):158-159.

[8] 黄恭福,邹海龙.科学实践:"科学探究与创新意识"核心素养的意蕴[J].化学教学,2020(10):3-7.

[9] 解世俊.金属矿床地下开采[M].2 版.北京:冶金工业出版社,1986.

[10] 靳晓光.高校创新创业教育的发展阶段、政策逻辑及推进策略[J].湖北经济学院学报(人文社会科学版),2022,19(5):125-131.

[11] 李家华,郑旭红,张志宏.创业有道:大学生创业指导[M].北京:高等教育出版社,2011.

[12] 李伟,张世辉.创新创业教程[M].北京:清华大学出版社,2015.

[13] 刘洪翔.促进创造力培养的大学生学业评价研究[D].长沙:湖南师范大学,2019.

[14] 刘磊.大学生创新创业基础[M].北京:中国水利水电出版社,2015.

[15] 刘亚娟.创业风险管理[M].北京:中国劳动社会保障出版社,2011.

[16] 苏栋,苏烜."三全育人"视阈下高校创新创业教育工作的思考[J].北京教育(高教),2022(2):56-58.

[17] 孙梁,韦森.重温熊彼特的创新驱动经济周期理论[J].济南大学学报

（社会科学版），2020，30(4)：5-21.
[18] 汪理全.矿业工程概论[M].徐州：中国矿业大学出版社，2004.
[19] 汪霞等.研究生创新型人才培养研究[M].南京：南京大学出版社，2018.
[20] 王青，任凤玉.采矿学[M].2 版.北京：冶金工业出版社，2011.
[21] 许湘岳，邓峰.创新创业教程[M].北京：人民出版社，2011.
[22] 张可君，吕时礼.创业实务[M].北京：北京师范大学出版社，2011.
[23] 张强，廖成中.新时代高校创新创业教育理论与实践[M].北京：科学出版社，2020.
[24] 张汝山.创新与创业思维[M].北京：国家行政学院出版社，2017.
[25] 钟楠.高校创新创业教育与理学专业教育融合的人才培养模式研究[J].文化创新比较研究，2022，6(3)：133-136.
[26] 周英.采煤概论[M].北京：煤炭工业出版社，2006.
[27] 朱莉，姜峰.赢在未来：大学生创业实务与策略[M].济南：山东大学出版社，2010.